AF223585

Sinsoekers

Tussen Twyfel en Troos

Johan Cilliers

UJ Press

Sinsoekers: Tussen Twyfel en Troos

Uitgegee deur UJ Press
Universiteit van Johannesburg
Biblioteek
Auckland Park Kingsweg Kampus
Posbus 524
Aucklandpark
2006
https://ujpress.uj.ac.za/

Samestelling © Johan Cilliers 2023
Hoofstukke © Johan Cilliers 2023
Gepubliseerde uitgawe © Johan Cilliers 2023
Eerste publikasie 2023

https://doi.org/10.36615/9781776482771

978-1-7764827-6-4 (Sagteband)
978-1-7764827-7-1 (PDF)
978-1-7764827-8-8 (EPUB)
978-1-7764827-9-5 (XML)

Taalversorging: Davida van Zyl
Omslagontwerp: Hester Roets, UJ Grafiese Ontwerp Studio
Getikset in 10/13pt Merriweather Light

Inhoud

*Hierdie boek word opgedra aan
Elna, Karen en Jacques –
skeppers van sin,
elkeen in hul eie reg.*

Genade is soos 'n stortvloed. Dit is oorvloedig, onbeperk, en transformeer tyd en ruimte in verwondering. Dit is nie net duur (Dietrich Bonhoeffer) nie, maar ook mooi, lewegewend en 'n bron van betekenisvolle bestaan. Johan Cilliers beeld hier die estetika van genade uit in terme van 'n spirituele spel, vol vreugde en viering. Die boek is soos 'n 'bricolage', en skets die verwondering van 'n mens wat blinkoog voor die kosmos staan, in afwagting van nimmereindigende ontdekkings. Ons word voorgestel as "meer-as-ape", as kwesbare en gefragmenteerde wesens wat die vreugde mag smaak om die genade ná te stamel. Johan benader die pyn van ontydige dood en die beproewing van lyding vanuit die perspektief van 'n "wonderlike uitruiling" (Martin Luther) – die bevrydende menslike ervaring van plaasvervanging, van God wat in my plek ly, maar steeds die spelende God is (Deus ludens). Die Karoo is vir hom 'n uitdrukking van die skone orde van kosmiese chaos – nie net 'n metafoor vir teologie nie, maar vir die lewe. Wanneer jy met hierdie chaos "speel", gee jy sin daaraan, en ervaar jy: ek is by die huis...

Daniël Louw
Emeritus Professor in Praktiese Teologie,
Universiteit Stellenbosch

In sy bekende en veel-geliefde poëtiese styl, neem Johan Cilliers sy pen soos 'n wandelstok op, stap hy voor en nooi hy sy lesers op 'n reis. Op weg ondersoek hy die landskap van die betekenis van die lewe deurdat hy by drie plekke verwyl: waar ons vandaan kom; wie ons is; en waarheen ons op pad is. Die genade vir die mensdom wat hy in hierdie ruimtes vind, is baie tydig, aangesien mense nou meer as ooit hunker na betekenis, en behoefte het aan die troosryke boodskap van God se genade. Hierdie boek, sy derde in 'n trilogie oor genade, is weereens 'n belangrike teologiese, sowel as estetiese prestasie.

Cas Wepener
Professor in Praktiese Teologie,
Universiteit Stellenbosch

In hierdie boek spreek Johan Cilliers die groot vrae van die lewe aan: Waarvandaan kom ons? Wie is ons? Waarheen is ons op pad? Hierdie boek is beslis nie 'n "selfhelpskema" of "goedvoel-truuk" nie. Die leser word eerder bekendgestel aan "die kuns van sin skepping", met fragmente, verskillende stemme – Bybels, sy eie, en andere – en met estetiese uitdrukkings. Die fragmente voer die leser onder andere weg na die Karoo, wat 'n metafoor vir Cilliers se teologiese denke vorm – 'n droë en woestynagtige landskap met asemrowende sterrehemels, en waar mens ook die kruis van Christus kan vind. As jy al ooit oor die sin van die lewe nagedink het, lees hierdie boek. Dit is vol van betekenis en 'n uitstekende bydrae tot die kuns van teologie.

Thomas Girmalm
Senior Dosent in Praktiese Teologie,
Umeå Universiteit, Swede

Hierdie boek is 'n rykdom van skoonheid, en vloei oor van wysheid en die kuns om na sin in die lewe te soek. Dit bied aan ons die Skrif, teologie, en kuns as noodsaaklike reisgenote in die lewenslange proses om sin uit die lewe se tragedies en vreugdes te maak. Cilliers is 'n homileet en praktiese teoloog, 'n leraar, navorser, onderwyser en prediker, lewensmaat en pa, wat weet dat woorde alleen nooit genoeg is nie – ons het die genade van God nodig wat in oorvloed aan ons geskenk word, verhale uit die Skrif wat met goddelike lig deurdrenk is, verstand en hart, prente en preke wat ons verbeelding en hoop wakkermaak. Koop hierdie boek nou, en lees dit oor en oor.

Dawn Ottoni-Wilhelm
Brightbill Professor in Prediking en Aanbidding
Bethany Teologiese Seminarie, Richmond, Indiana, VSA

Die hermeneutiese sleutel om Johan Cilliers as vriend, kollega, akademikus, kunstenaar en skrywer te verstaan, vind 'n mens deur 'n waardering te ontwikkel vir die plek waar hy grootgeword het, naamlik die Karoo, soms ook die "Moordenaarskaroo" genoem. Terwyl hy onder die oop lug van die Karoo sit en nadink oor die betekenis van die lewe, gebruik hy drie verskillende lense: om nie volledig te weet nie; om volledig te weet; en om te weet dat Iemand volledig (van jou) weet. Hy ontwikkel hierdie lense in aansluiting by die gedagtegang van die Apostel Paulus, soos verwoord in die bekende verse in 1 Korintiërs 13:12: "Nou ken ek net gedeeltelik, maar eendag sal ek ten volle ken soos God my ten volle ken." In ons soeke na volledige kennis is ons volgens Johan soos sonneblomme wat wegkyk van onsself en ons koppe na die son, na ons Skepper, draai. So bereik ons ons bestemming, en begin ons floreer met die wete dat God ons ten volle ken.

Ian Nell
Professor in Praktiese Teologie,
Universiteit Stellenbosch

Lys van Illustrasies

Voorwoord 1

Hierdie boek het homself geskryf.

Die impulse om (saam) te skryf het dikwels hulle opwagting op die vreemdste plekke en tye gemaak – terwyl ek besig was om met my hond te stap, of buite in die tuin gesit het, of om 'n glas (goeie, Suid-Afrikaanse) rooiwyn te geniet, of net voordat ek wou gaan slaap, en ek 'n paar sinne of woorde op los stukkies papier moes neerpen. Laasgenoemde het my natuurlik met die uitdaging gelaat om my eie handskrif die volgende dag te ontsyfer. Nie die maklikste ding om te doen nie...

Die punt is: Ek kon die stemme wat na my geroep het, nie ignoreer nie. Daarvoor was hulle té dringend, té duidelik, té onweerstaanbaar. Ek kón eenvoudig nie weier om te luister nie. Terwyl ek geskryf het, het dit somtyds vir my gevoel of my vinger beweeg word deur iemand wat buite, of liewers, langs my gestaan het...

Aan die ander kant: Dit alles klink waarskynlik oordrewe, dalk selfs naïef. Miskien het dit eenvoudig te make met die feit dat ek, terwyl ek hierdie boek geskryf het, (meer) tyd gehad het om met my hond te gaan stap, of buite in die tuin te sit, of 'n glas rooiwyn te drink, of te soek na stukkies los papier, gegewe dat ek onlangs afgetree het. Tyd vir refleksie, inderdaad nadenke oor die sin van die lewe vanuit 'n ander hoek? Tyd om 'n boek te skryf wat dalk meer outobiografies as my vorige pogings sou wees? Omdat ek dalk nou beter verstaan dat dít wat die mees persoonlike is, ook die mees universele is, of kan wees?

Hierdie boek het hom natuurlik *nie* self geskryf nie. Ek het. Dit was *my* vinger wat geskryf, en aanbeweeg het. Ek aanvaar volle verantwoordelikheid daarvoor. Soos in die beroemde woorde van Edward Fitzgerald:

The Moving Finger writes; and, having writ,
Moves on: nor all thy Piety nor Wit

Shall lure it back to cancel half a Line,
Nor all thy Tears wash out a Word of it.[1]

Soos dit die geval is met alle boeke wat geskryf word, was daar egter baie vingers wat saam met my geskryf het. Baie wyse mense het oor my skouer geloer terwyl ek woorde en sinne op my sleutelbord geskep het. Hulle insigte het in my gedagtes bly draal, my vinger (inderdaad enkelvoud: Ek tik met net een vinger!) gelei om hierdie woorde en sinne te vorm...

Ek het nie genoeg woorde en sinne om vir hulle dankie te sê nie. Ek kan hulle nie almal by die naam noem nie. Baie van hulle is nie meer met ons nie, ten minste nie liggaamlik nie; sommige van hulle is oud en grys en sommige is jonk en uitdagend, en almal van hulle is in hierdie boek, selfs al word hulle name nie hier genoem nie.

Soos altyd, kon ek nie skryf sonder beelde nie, wat hopelik ook ver-beelding by die leser sal aanwakker. Gegewe die onderwerp van hierdie boek, het ek opnuut besef dat die soeke na sin nie sonder estetiese uitdrukking aangepak kan word nie. Daarom staan ek, ook in hierdie boek, gereeld eenkant toe, om verskillende vorme van estetika die geleentheid te gee om te "praat".

Met dit in gedagte, het ek ook my gedagtegang gereeld (laat) onderbreek deur verskillende stemme te laat opklink, stemme wat oor Bybelse tekste nadink, stemme van predikers, 'n visionêr, en 'n psalmis – wat almal probeer om "sin te maak uit alles". Hierdie meditatiewe refleksies oor die betekenis van die lewe word nie voorsien van genoteerde bronne soos die geval is in die res van die boek nie.

Alhoewel ek 'n homileet is – of voorgee om een te wees – handel hierdie boek nie oor preke of prediking nie. Ek hoop egter om vergewe te word as die kwessie van prediking (oor die sin van die lewe) wel hier en daar ter sprake kom.

---

1 Uit Edward Fitzgerald se Engelse vertaling van die gedig: *The Rubáiyát of Omar Khayyam*, 1859.

Vanselfsprekend het hierdie boek homself nog nie klaar geskryf nie. Ek ook nie. Daarvoor is die tema te breed en wyd en hoog en diep. Te *menslik*.

Die vinger(s) hou aan skryf, hou aan beweeg...

Voorwoord 2

Hierdie boek het homself nog nie klaar geskryf nie. Ek ook nie.[2]

So het ek in die vorige voorwoord gesê – "Daarvoor is die tema te breed en wyd en hoog en diep. Te *menslik*."

So is dit. Nou hou my vinger(s) maar aan met skryf; hou hulle aan beweeg...

Ek kan hulle nie keer nie.

Ek moet ook nie – herbesinning oor sin is nie alleen sinvol nie, maar selfs noodsaaklik vir die soeke na sin. Hierdie boek verteenwoordig só 'n her-besinning oor sin, in die soeke na sin.[3]

Wat hier volg, is inderdaad – soos ek ook voorheen opgemerk het – meer outobiografies, meer persoonlik as my vorige pogings. Van my eie ervarings van verlange en twyfel, van vervulling en vertroosting duik gereeld in die bladsye van hierdie boek op. Alhoewel die besonderhede van jou eie ervarings in hierdie verband van myne sal verskil, is ek tog van mening dat hierdie ervarings – verlange en twyfel, vervulling en vertroosting – universeel menslik is, al dra dit soms, of meestal, verskillende gewade en selfs maskers.

Uiteraard is my belewenisse, soos dié van alle mense, tydsgebonde. Wat vandag vir my sin maak, mag dalk môre om ander, nuwe verwoording roep. Die verloop van tyd verskuif die besonderhede van ons ervarings en beskrywing van verlange en twyfel, vervulling en vertroosting. Dis onontkombaar. Oor tien of twintig jaar – as mense dan nog iets soos boeke sal lees – sal baie van my gedagtegange, soos verwoord in hierdie boek, vir sommige mense irrelevant en selfs infantiel voorkom.

---

2   Hierdie boek is 'n verwerking van Johan Cilliers, *Solank ek hier is. Oor die soeke na sin* (Stellenbosch, African Sun Media, 2020).

3   Sien Hoofstuk 1 vir 'n uitgebreide bespreking van die gedagte van herbesinning.

So is dit. En tog is daar, na my mening, 'n goue draad wat hopelik deurloop en saamloop, al loop die tyd aan. 'n Kern wat ons nie kan of moet ontwyk nie. Dit mag in verskillende seisoene van ons lewens in verskillende gestaltes opduik, maar die wesenlike daarvan bly altyd dieselfde. Ons verlang altyd na iets, of iemand, of Iemand. Ons vind voortdurend ons vervulling in iets of iemand, of Iemand. Ons soek sonder ophou troos in iets of iemand, of Iemand.

Die verhaal van ons soeke na sin is nog (lank) nie klaar vertel nie.

Daarom hou my vingers aan met skryf; hou hulle aan beweeg.

Kom skryf saam.

Inleiding

Sinsoekers. Dis 'n beskrywing wat van toepassing is op *alle* mense. Almal van ons is hiermee besig – of ons nou daarvan bewus is, of nie. Of dit nou die president of die pous is, die wêreldleiers op die podiums van hulle mag of die werkers wat ek nou op my dak aan die skoorsteen kan sien werk hier waar ek op die stoep van my huisie in die Karoo sit – almal is deel van dié soekgeselskap.[1]

Die woord "sin" is natuurlik gelade. Dit kan verskillende dinge vir verskillende mense beteken. Dit kan beide inspirerend én frustrerend, vervullend én vreesaanjaend wees. Jy kan soms probeer om aan hierdie soeke te ontsnap, dit te verdoesel, weg te redeneer – maar dan is dit weer dáár, voor jou deur, en wink dit jou om opnuut die soektog na sin te begin, om maar wéér te begin wandel op die weg (of eerder: weë), waarop alle sinsoekers hulle bevind.

Hierdie opweg-wees in die soeke na sin is al met 'n tog deur 'n woud vergelyk. Trouens, die metafoor van 'n woud is nie alleen die mees algemene metafoor in wêreldliteratuur nie, maar dikwels dié plek waar die (metaforiese) drama van sin-soeke in 'n ryke verskeidenheid van gedaantes afspeel.[2] Dit duik byvoorbeeld op in ikoniese kinderverhale soos Hansie en Grietjie, Rooikappie en die Wolf, en Alice in Wonderland as 'n ruimte waar magiese en geheimsinnige mense woon, en waar wonderwerke moontlik is. Dikwels word die woud 'n betowerde en betowerende plek waar die werklikheid agterweë gelaat word, en waar die reëls van die heelal gebuig (mag) word, soos in die verhale van Shakespeare (*Midsummer Night's Dream*), Tolkien (*The Lord of the Rings*) en talle ander poësiewerke. En,

---

1   Merweville, Koup-Karoo, 20 Junie 2023.
2   Vgl. Kitty Jackson, *Anselm Kiefer: Symbolism of the Forest*, Artdependence Magazine, Donderdag, 5 April 2018. https://artdependence.com/articles/anselm-kiefer-symbolism-of-the-forest/

wie sal ooit die atmosfeer van die woud soos beskryf in die meesterlike bosverhale van Dalene Matthee kan vergeet?[3]

Kom ons verbeel ons vir 'n oomblik ons stap hierdie atmosfeer binne. Bokant jou 'n groen blaredak. Spikkels blou lug hier en daar. Oeroue, gekronkelde stamme orals rondom jou. Oorblyfsels van herfsblare van lank, lank gelede, gekussing onder jou voete. Luister – daar roer die blare in die wind. Klink of hulle handeklap. Iewers kraak 'n tak. Jy is in 'n ander wêreld...

Hier heers die natuur; hier word mag uit mense se hande gehaal.[4] Hier toring die bome in hulle majesteit en grootsheid bo jou uit, verdwerg hulle jou as jy dit onder dié blaredak in wil wáág. Dit word 'n geheime skuilplek, 'n plek van toevlug en rus, van beide wetteloosheid én vryheid, ook om goed te doen – soos byvoorbeeld in die verhaal van Robin Hood en sy vrolike manne in die Sherwood Woud. Dit kan egter ook 'n bose bos word...

Dit kan 'n plek word waar 'n bosoorlog woed. Ek het jare gelede, toe ek deur 'n soort storm en stryd in my eie godsdienstige reis (en soeke na sin) gegaan het, 'n gedig geskryf waarin allerlei kragte ter sprake gekom het – wind (Gees), geboorte (lewe), geborgenheid, bedreiging, en sommer 'n (sprokies?) wolf ook – alles binne die raamwerk van die woud.[5] Maar oordeel maar self:

Weergeboorte
winde woed
deur my woud se poorte
are voed
my onder my
mammie se hart

---

3   *Kringe in 'n Bos* (1984); *Fiela se Kind* (1985); *Moerbeibos* (1987); *Toorbos* (2003).

4   Dui die vernietiging van byvoorbeeld die reënwoude ironies genoeg op die vernietiging van die mens se moontlikheid om sin te soek en te vind? Het dit 'n omgekeerde metafoor van sinloosheid geword?

5   Geskryf 10 Mei 1983.

water breek
rooi
watter wolf
kap-kap so
houtgerus
na my nageboorte?

Die mees basiese van alle menslike emosies speel hulle dikwels
in die woud af. Hier ervaar jy die opwinding van 'n soeke na 'n
verborge skat, óf die moontlikheid om hopeloos te verdwaal.
Jy voel die misterie, die magiese atmosfeer van die "ander-
wêreldse" aan. Jy word geroep om op die pad deur die woud
te begin stap, óf na veiligheid en geborgenheid, óf in die
beklemmende skemering van gevaar in, gevul met vrees vir
aanvalle deur eeue-oue, mitologiese monsters.[6]

Kortom, in die woud beleef jy alles wat deel uitmaak
van mense se universele soeke na sin – die ervarings van
tuiskoms en antwoorde vind, maar ook van haweloosheid,
van reddeloosheid en radeloosheid, sonder enige antwoorde.
Dikwels gebeur dit dat jy die woud vanweë die bome nie kan
raaksien nie. Dan raak die soeke na sin so ingewikkeld dat jy
geen uitweg vind nie – jy bly jou blind staar op (individuele)
bome, kry nie die groter geheel (die woud) in sig nie. Jy het
geen roetemerkers, geen bakens wat jou die rigting kan aandui
nie, net boom na boom na boom – wat jou skoon uitsinnig kan

---

6   'n Interessante variasie hiervan is die sogenaamde
"Dark Forest"-konsep. Hiervolgens is daar orals om ons,
dwarsdeur die kosmos, intelligente wesens, maar almal
hou hulleself verborge uit vrees vir uitwissing deur ander
intelligente wesens en "beskawings"! Die heelal is dus soos
'n donker woud vol dreigende gevaar, wat wag om enige
oomblik in ongekende geweld uit te breek. Alle kosmiese
"beskawings" loop eintlik rond soos gewapende soldate in
'n donker woud, versigtig om uit die pad van ander te bly...
totdat die onvermydelike gebeur. Daarom is ons ook nog
nooit deur wesens uit die ruimte gekonfronteer nie – altans
volgens die "Dark Forest"-filosofie. Hierdie gedagte het sy
oorsprong in 'n wetenskapsfiksieverhaal, geskryf deur Liu
Cixin, vertaal deur Joel Martinsen: *The Dark Forest* (Londen:
Macmillan Publishers, 2008).

maak; of, jy bevind jou skielik in 'n oopte tussen die bome, in 'n straal van sonskyn, gebaai in 'n teken van hoop, geïnspireer deur 'n nuwe begin. Soms maak die (soeke na) sin geen sin nie; soms haal die sin jou in, al soek jy nie.

Die woord "sinsoekers" – wat ook die titel van die boek uitmaak – is in dié opsig inderdaad veelsinnig. As 'n selfstandige naamwoord dui dit op mense wat na sin soek, maar dit kan ook dui op sin wat na mense soek – sin wat jou wil oorrompel, verras, verstom, in momente wat jou sprakeloos en verwonderd kan laat. 'n Mens kán tuiskom in sin, maar sin kán ook tuiskom in 'n mens. Tussen "sin" en "soekers" is daar 'n nimmereindigende tussenspel.

Dit is waaroor hierdie boek handel. Die voorblad probeer dit uitbeeld. Een van my reisgenote in die soeke na sin was nog altyd om te skilder. Dit bied, altans vir my, asemhaling, terapie, troos. Daarom sal ek hopelik vergewe word as enkele van my (pogings tot) estetiese uitbeelding hier en daar in die boek hulle verskyning maak. Ek het onlangs 'n soort bestekopname van al my kunswerke gemaak. Sekere temas duik – tot my retrospektiewe verbasing – nogal gereeld op. Een daarvan is juis 'n woud, altyd met 'n pad wat na êrens (of nêrens?) lei, en altyd twee figure wat saam op hierdie pad loop. Die een is gewoonlik groot, en die ander een klein, of kleiner. Dalk 'n uitdrukking van my ervaring dat ons – of ten minste ek, die kleine – nooit alleen op hierdie pad is nie, maar altyd saam met iemand groter, inderdaad Iemand Groter?

Almal van ons is sinsoekers, en almal van ons soek na sin binne bepaalde denkraamwerke – of ons dit nou toegee, of nie, en of ons dit eksplisiet verwoord, of nie. Wat ek byvoorbeeld aan die einde van die vorige paragraaf geskryf het – dat Iemand Groter saam met my op die sinsoek-pad is – verteenwoordig alreeds 'n bepaalde denkraamwerk. Ek sou dit wou beskryf as 'n godsdienstige, en meer spesifiek, 'n Christelike denkraamwerk. Daar bestaan natuurlik baie ander denkraamwerke, of uitgangspunte, of perspektiewe, as dit kom by die soeke na sin. Ek wil en kan nie hier enige (voortydige) oordeel uitspreek oor hierdie vorms van sin-soeke nie. Daar kan goeie en minder goeie gestaltes hiervan wees, sommige egter ook destruktief en toksies. Ook die Christelike perspektief kan misbruik word om eerder verlammend as verrykend vir die soek (en vind) van sin te wees. Wat ek wel weet, is dat wat ek in hierdie boek hieroor skryf, inderdaad my "denkraamwerk" die beste verwoord, altans vir my, op hierdie stadium van my reis-na-sin. Dit "maak vir my sin".

Daar is 'n paar sleutelgedagtes wat telkens gaan opduik, meestal in verband met mekaar, en meestal sonder 'n vooraf vasgestelde volgorde. Hulle is: skynbare *teenstrydighede* (in aansluiting by die inkongruente ervarings wat in die simboliese woud van sin-soeke opgedoen word); *estetika* as 'n wyse van waarneming en interpretasie van hierdie kompleksiteite van die lewe; *genade* as een van die sentrale spilpunte van die Christelike godsdiens; en die veelvlakkigheid van *kennis* (oftewel kennis-teorieë, ook as epistemologie bekend). My hoop is dat die samespel van hierdie – op die oog af dalk – uiteenlopende en ingewikkelde konsepte tog algaande vir jou helderder sal word en, wie weet, dalk ook vir jou sin sal maak.

Kom ons begin met die gedagte van genade. Wel, vir my is dit inderdaad meer as net 'n gedagte. Dit vorm die basis, die grondligging, van ons ganse bestaan. Dat daar iets is, en nie niks nie; dat daar "ek" en "ons" is, en nie "dit" nie, is vir my die beginpunt van wat ek onder "genade" verstaan. Miskien word hierdie basis van ons bestaan, en beginpunt van die genade, goed uitgedruk in die volgende kort uitspraak, bewustelik[7] deur 'n mens gemaak:

Ek is hier, nou.

Hierdie is inderdaad een van die diepste, mees wesenlike woorde wat enige (menslike) wese ooit kan uitspreek. Kom ons lees dit vir 'n oomblik van agter na voor:

Nou – Ek het die genadegawe van tyd, van 'n oomblik, van oomblikke ontvang.

---

7   Ek kom later weer terug met 'n meer uitgebreide beskrywing van "bewussyn" in Hoofstuk 2.

Hier – Ek het die genadegawe van ruimte, van hier-wees ontvang.

Is – Ek het die genadegawe van lewe, van bestaan ontvang.

Ek – Ek het die genadegawe van ek-wees, van individualiteit ontvang.

En, as ek "ek" sê, bedoel ek ook "ons".

Ons het die genadegawe van saam-wees, van gemeenskap ontvang.

Ons is hier, nou.

Hierdie vier woorde is 'n mondvol. Dit bring alles bymekaar wat ons menswees bepaal – gemeenskaplikheid ("ons"); lewe, eksistensie ("is"); ruimte ("hier") en tyd, temporaliteit ("nou").

Vir my beteken dit "genade op genade" – om 'n veelsinnige frase uit die proloog tot die Johannes-evangelie te leen.[8] Daar is al 'n rykdom van interpretasies van hierdie uitspraak aangebied, waarby ek nie hier sal stilstaan nie.[9] Genade het wel sekere kenmerke, onder andere dat ons dit nie kan beheer nie, dat dit daarom dikwels tot ons kom in verrassende momente, en dat, as dít gebeur, ons nuut na alles kyk, nuwe perspektief ontvang – ook op die sin van die lewe.

---

8   Joh. 1:16, 17: Uit sy oorvloed het ons almal genade op genade ontvang. God het die wet deur Moses gegee; die genade en die waarheid het deur Jesus Christus gekom.

9   Sien die uitgebreide bespreking deur Ruth B. Edwards. ΧΑΡΙΝ ΑΝΤΙ ΧΑΡΙΤΟΣ (John 1.16) Grace and the Law in the Johannine Prologue, 1–14. Sommige kommentatore interpreteer die Griekse sleutelwoord αντί (letterlik: "teenoor") presies só – die genade en waarheid wat Christus bring staan "teenoor", oftewel "in die plek van" die wet wat deur Moses gegee is. Ander verstaan αντί eerder as "bykomend", met verwysing na die onuitputlike bron van God se gawes wat soos 'n onophoudelike stroom vloei, met genade op genade. Sommige wys daarop dat ons nie hier tussen sinonieme of 'n antitetiese parallelisme hoef te kies nie, maar dit eerder moet sien as sinteties, of progressief. Dan word die genade op genade "selfs nog meer" met die koms van Christus.

Wat ook al die nuanse mag wees, vir my beteken dit dat genade genoeg is; nee, meer as oorvloedig is vir, en in, enige van die seisoene van God se handelinge met ons. God se genade is soos 'n oorvloed, ja, 'n stortvloed wat nooit ophou vloei nie, wat momentum opbou, wat ons meevoer. Daar is geen gebrek nie; daar is 'n volheid, wat nooit uitgeput kan word nie. Ons het almal daarvan ontvang, en ons bly dit ontvang – dit is altyd betyds en tydig, soos vars dou in die vroeë oggend.

God se genade het sy eie tydsberekening.[10]

Ons het inderdaad geen beheer daaroor nie. Dit laat 'n mens dink aan wat Thomas Merton in 'n ander verband oor die reën skryf. Dit word vir hom 'n simbool van die lewe, van die ruimheid en goedheid van die natuur, van geborgenheid in 'n groter geheel – wat hom, veelseggend genoeg, afspeel in 'n woud:

Die reën waarna ek nou luister is anders as dié wat in die stede val. Dit vul die woude met 'n grootse en dawerende klank. Dit bedek die plat dak van die huis en sy stoep met sy aanhoudende en gekontroleerde ritmes. En ek luister, want dit herinner my keer op keer dat die wêreld funksioneer volgens ritmes wat ek nog nie geleer het om te herken nie, ritmes wat nie dié van menslike ingenieurs is nie... Geen mens het die reën laat begin nie, en niemand gaan dit stop nie. Dit sal so lank op my dak bly praat soos dit wil, hierdie reën. En, solank as wat dit praat, sal ek luister...[11]

Só is die genade. Vry, onkeerbaar, orals om ons.

Daar is genade in die skepping; genade in die lewe; genade in die dood.

Daar is genade in die verlede; genade in die hede; genade in die toekoms.

Daar is genade vir elke seisoen van ons lewens.

---

10   Sien Johan Cilliers, 2019, *Timing Grace: Reflections on the Temporality of Preaching*, Hoofstuk 2.

11   Vry vertaal uit: Thomas Merton, *Raids on the unspeakable* (Londen: Burns and Oates, 1977), 42.

Ek – ons – is hier, nou – dit is genade op genade op genade...

Alles wat ek tot dusver gesê het, berus uiteraard op die aanname dat genade inderdaad aan ons gegéé is, dat die begrip nie bloot 'n religieuse abstraksie of teologiese of kerklike slagspreuk of vroom gepratery is nie. Eerder 'n realiteit wat ons meermale verras, ons inhaal wanneer ons dit die minste verwag, wat tot ons kom in oomblikke van ongekende helderheid – soms soos 'n weerligstraal uit die bloute.

Paul Tillich skryf aangrypend hieroor:

Weet óns wat dit beteken om soos deur 'n weerligstraal deur die genade getref te word? Dit beteken nie dat ons nou skielik glo dat God bestaan, of dat Jesus die Verlosser is, of dat die Bybel die waarheid bevat nie... Dit beteken ook nie net dat ons besig is om vooruitgang te maak in ons morele selfbeheersing, in ons geveg teen besondere swakhede, en in ons verhoudings met mense en die samelewing nie. Morele vooruitgang mag wel die vrug van genade wees, maar dit is nie die genade self nie, en dit kan ons selfs verhinder om genade te ontvang... Ons kan nie ons lewens verander tensy ons deur hierdie weerligstraal van genade getref word nie. Genade tref ons wanneer ons nie "kwalifiseer" nie, wanneer ons in pyn en groot onrustigheid is... Dit tref ons wanneer ons mishae oor ons eie bestaan, ons argeloosheid, ons swakheid, ons vyandelikheid en ons gebrek aan rigting en selfbeheersing ondraaglik vir ons begin word. Dit tref ons wanneer ons jaar na jaar ervaar dat die verlangde volmaaktheid van die lewe nie sy verskyning maak nie, wanneer die ou drange in ons heers soos wat hulle al vir dekades gedoen het, wanneer wanhoop al ons vreugde en moed vernietig. Soms breek 'n ligstraal op daardie moment in ons duisternis in, en is dit asof 'n stem sê: Jy is aangeneem. Jy is aangeneem, aangeneem deur dit wat groter is as jy, in die naam van dit wat jy nie verstaan nie... Moenie probeer om enigiets nou te doen nie; miskien sal jy baie dinge later doen. Moet niks soek nie; moet niks uitvoer nie; moet niks voorneem nie. Aanvaar eenvoudig die feit dat jy aanvaar is...[12]

Só gebeur die genade. Onverwags. Onverdiend. Byna soos om in 'n woud te stap en op 'n skat af te kom waarna ek nie eers gesoek het nie, en my oë nie te glo oor die vonds waaroor ek amper gestruikel het nie.[13] Hoekom het ek dit nie gesien nie? Was ek dan heeltemal blind?

Sê iemand dít mooier as General Lorens Löwenhielm, wanneer die skille van sy oë afval en hy 'n heildronk op die lewe, ja, op genade instel by die feesmaal van Babette in die klassieke film, *Babette's Feast?* 'n Gedeelte uit sy toespraak klink so:

Mense, in hulle swakheid en kortsigtigheid, glo dat hulle keuses moet maak in hierdie lewe. Hulle bewe oor die risiko's wat hulle moet loop. Ons ken vrees.

Maar nee. Ons keuse is nie van belang nie. Daar kom 'n tyd wanneer jou oë geopen word, en ons besef dat genade oneindig is. Ons moet net daarop wag met vertroue, en dit met dankbaarheid ontvang. Genade stel geen voorwaardes nie. En kyk!

Alles wat ons gekies het, is aan ons geskenk. En alles wat ons verwerp het, is ook toegestaan. Ja, ons kry selfs terug wat ons verwerp het...[14]

Genade is oneindig – dit sien mens wanneer jou oë geopen word, en jy begin insien dat elke oomblik vol ewigheid is.[15]

---

12 Vry vertaal deur Johan Cilliers, *In die Greep van God* (Vereeniging: CUM, 1999), 194.

13 Of soos die man in die kort gelykenis waarvan Jesus vertel, wat afkom op 'n skat wat in 'n saailand onder die grond lê, en baie in sy skik daarmee is (Matteus 13:44).

14 Die oorspronklike woorde was in Deens. Hier in Afrikaans vertaal en geparafraseer deur Johan Cilliers. Die film *Babette's Feast* (1987) is 'n verwerking van 'n kortverhaal deur die beroemde Deense skrywer, Karen Blixen (1885–1962), wat onder die skuilnaam Isak Dinesen geskryf het.

15 Sien die bespreking van "oomblik as ewigheid" in Hoofstuk 2.

Soms moet 'n mens jou kop draai, en uit 'n ander perspektief kyk, soos dit meermale ook in hierdie boek gaan gebeur. Soms vra, en skenk, die genade 'n ander manier van kyk... Ongelukkig gebeur dit blykbaar nie met almal nie. Nie almal sal dit só insien, of só verwoord nie. Inteendeel, daar bestaan baie struikelblokke, baie oogklappe, wat ons verhinder om hierdie gesigspunt in te neem.[16] Ons word maklik daarvoor verblind. 'n Mens sou selfs kon sê, hoe ironies en teenstrydig dit ook al mag wees, dat die wêreld tot 'n groot mate genadeloos geraak het. Dat ons uit die genade uit weggeval het. Dat ons, die mensdom, ongenadig blind geword het vir die oorvloed en stortvloed van God se genade.

En tog, ten spyte van ons blindheid en genadeloosheid, hou die genade nie op nie. Hiervan kan ek ook getuig. Op een of ander manier was die woord *genade* (en veral ervaring daarvan) my reisgenoot so ver terug as wat ek kan onthou. Ek het 'n aantal jare gelede probeer om iets oor hierdie reis, en reisgenoot, te skryf – as volg:

> *Toe ek vyftien was, wou ek 'n sterrekundige word. Die grootsheid van die heelal, met sy onbeskryflike ruimtes en geheimnisvolle planete, sy polsende kwasars en onbegryplike kragte, het my oneindig gefassineer. Dis vandag nog so.*

> *Ek wou ook 'n wildbewaarder word wat soos 'n kluisenaar in 'n houthuis woon, hoog op stelte, terwyl ek waghou oor mistige woude en glinsterende mere – dit was my droom. Wel, ek hou nog steeds van die atmosfeer van woude, en eenvoudig om te sien hoe die plante in my tuin groei.*

> *Ek het myself ook as 'n veearts voorgestel. Diere laat my hart smelt. Een van die hartseerste dae in my lewe was toe ek my hond moes laat uitsit. Ek kan nou nog sien hoe die lig uit sy*

---

16   Vergelyk Hoofstuk 1 vir 'n bespreking van hierdie "oogklappe", teenoor "sien".

oë vervaag. Ek verlang daarna om sy gesig te sien, al is dit net nog een keer.[17]

Ek het my verbeel ek sou 'n hartchirurg word, iemand wat delikate, lewensreddende operasies op desperate, sterwende mense sou uitvoer. Ek weet nou dat daardie een nooit sou kon werk nie. Ek is bang vir skerp instrumente, en is nie besonder lief vir bloed nie...

Ek het nooit 'n sterrekundige, wildbewaarder, veearts of hartchirurg geword nie. Dit het alles een koue aand in die Karoo, waar ek opgegroei het, verander. Ek het saam met 'n vriend kerk toe gegaan. Daar was omtrent twaalf mense teenwoordig in die diens – met insluiting van die dominee en die orrelis. Twee van die twaalf was in rystoele. Ek het by myself gedink: Die kanse dat hierdie 'n lewensveranderende gebeurtenis kan word, is maar skraal...

Toe die dominee die kerk deur die konsistoriedeur binnekom, het my ongeloof verder verdiep. Hy was blind. Hy het sy weg na die kansel met behulp van 'n wit stok gevind, en ook nog 'n stapel gesangboeke in die proses omgestamp. My gedagtes het nog donkerder geword: Hier sit ek in 'n byna dolleë kerk, amper tot die dood toe gevries, en nou is die prediker ook nog blind. My verwagting om daardie aand iets te hoor of te ervaar wat enigsins van betekenis sou kon wees, was, nou ja, nie juis borrelend nie.

Wel, ek is bly om te kan rapporteer dat ek verkeerd was – totaal en geheel en al verkeerd. Ek kan nie veel van die preek onthou nie. Ek kan die teks waaroor daar gepreek is nie herroep nie. Ek het die dominee se naam vergeet. Ek weet net: Daardie aand het ek 'n Stem gehoor. Daardie aand het 'n blinde prediker my gehelp om te sien, en het ek 'n Visie ontvang. Daardie aand het ek 'n ruimte dieper as ruimte

---

17 Gelukkig het 'n ander hond, my skaaphond uit die Karoo genaamd Karools, intussen sy gesig vir my kom wys. Ek kyk elke dag in sy oë.

betree, en 'n tyd voller as tyd ervaar. Daardie aand het ek oor 'n drumpel getree, en 'n "huis" betree...[18]

Terugskouend sou ek dit ook 'n ruimte vol Misterie wou noem – die Misterie van God. En, die grootste misterie van hierdie Misterie is die feit dat die hart, die kern daarvan, genade is. Ons sou dit ook Liefde kon noem. Die sentrum van die Misterie is liefde, nie blinde berekendheid of kliniese korrektheid of genadelose geweld of angswekkende afrekening nie, maar liefde.[19]

Dit alles het ek daardie aand as gevolg van 'n preek in die Karoo (begin) verstaan, en het my reis in die ruimte van hierdie Misterie in, maar pas begin...

Van preke gepraat:

Een van die eerste (akademiese) boeke wat ek geskryf het, het die ietwat steurende titel *Die Uitwissing van God op die Kansel* gedra. Ek het dit geskryf nadat ek na talle moralistiese preke geluister, en die ervaring gehad het dat genade (letterlik) uit die prentjie gepraat en geskryf is, in so 'n mate dat God, ten minste in terme van taal en in hierdie spesifieke preke, "uitgewis" is. *Annihilatio Dei* – wat 'n skrikwekkende, onmoontlike moontlikheid.[20]

Dit is opgevolg deur 'n boek wat die alternatief wou illustreer, naamlik prediking van die goeie nuus van genade, met die titel: *Die Uitwysing van God op die Kansel*. 'n Trilogie is voltooi met die verskyning van 'n derde boek, wat wou aandui dat genade nie gehoorsaamheid uitsluit nie, maar eerder insluit – as genade (*Die Genade van Gehoorsaamheid*).

Maar "genade" wou my nie hierna alleen laat nie. Sy het nog baie gehad (en het nog steeds) om my te leer – aangesien ek deel is van hierdie ongenadige, blinde wêreld. Ek het weer probeer, hierdie keer met die skryf van 'n boek getiteld: *A Space*

---

18   Vertaal uit Johan Cilliers, *A Space for Grace: Towards an Aesthetics of Preaching* (African Sun Media 2016), 1, 5.

19   Sien die meditasie aan die einde van die boek.

20   Sien my bespreking van 'n voorbeeld hiervan verderaan in Hoofstuk 1.

for Grace ('n Ruimte vir genade) – en, gegewe die feit dat ons nie oor ruimte kan praat sonder om tegelykertyd oor tyd te praat nie, het ek nóg een gewaag: *Timing Grace* (dubbelsinnig: om genade se tyd te bereken, en om deur genade se tyd bereken te word). In laasgenoemde boek het ek die volgende oor "genade" geskryf:

> *Die woord "genade", en variasies daarvan, verteenwoordig waarskynlik die mees gebruikte woord in die Christendom, moontlik selfs in alle godsdienste. Maar, wat beteken "genade"? Ek sou sê dat genade die dekonstruksie is van die voorspelbare tydsberekening van die voorwaardelike oorsaak-en-gevolg struktuur, deur middel van die onvoorwaardelike en meestal onvoorspelbare improvisasie van tyd, wat kenmerkend is van die tydsberekening van genade. In hierdie sin word genade ervaar in tyd en ruimte, maar transendeer dit ook die kategorieë van tyd en ruimte.*[21]

Ek het regtig gedink dat dit nou die einde daarvan sou wees, geen trilogieë meer nie. Maar, hier is sy weer, kloppend aan my deur, roepend, of eerder fluisterend: *genade op genade*. Hierdie fluister-roep loop soos 'n goue draad deur wat volg.

Maar, wat het dit nou alles te make met die soeke na die sin van die lewe? Ek het alreeds daaraan geraak, maar kom ons hoor dit weer, al is dit in voorlopige terme: Genade verras ons in hierdie soeke, open voortdurend nuwe insigte en perspektiewe – op die lewe en die betekenis van hierdie lewe. Dit is inderdaad 'n gawe wat van buite ons aan ons geskenk word, wat binne ons werksaam is, wat vir ons die lewe vorm en verhelder en vier. Dit hou aan om die voorwaardelike oorsaak-en-gevolg struktuur van vaste en vasgeloopte "kennis" te onderbreek en te dekonstrueer.[22]

---

21   Vertaal uit Johan Cilliers, *Timing Grace*, 33v.

22   Ek gebruik die idee van "onderbreking" doelbewus. Onderbreking is al die kortste definisie van godsdiens genoem, en is inderdaad 'n konsep wat ook wesenlik tot die Christendom is. Vgl. die insiggewende artikels deur Lieven Boeve, "The shortest definition of religion", 1, 2 en 3, in *The Pastoral Review*, 2012, Volume 5, uitgawes 3, 4

Die soektog na, en die vraag omtrent die sin van die lewe is uiteraard so oud soos die mensdom self. Dit kan, en moet ook, vanuit 'n veelvoud van perspektiewe aan die orde gestel word, byvoorbeeld uit antropologiese, sosiologiese, psigologiese, neurologiese, filosofiese, kultureel-religieuse, teologiese, kosmologiese, astrofisiese, estetiese gesigspunte – en vele meer.

In die vroeë tagtigerjare het die filosoof Hennie Rossouw 'n diepsinnige boek oor die sin van die lewe geskryf – na my wete die eerste van sy soort in Afrikaans. In die boek werk hy met die driedeling: Waarom? Waarheen? Waartoe? Hy verbind hierdie drie vrae met die bekende uitspraak van Paulus in 1 Korintiërs 13:13: *Geloof, hoop en liefde – hierdie drie. En die grootste hiervan is die liefde.* Die Waarom?-vraag roep om geloof, die Waarheen?-vraag om hoop, en die Waartoe?-vraag om liefde. Vir Rossouw, soos vir Paulus, loop alle soeke na sin uiteindelik uit op 'n lewenstyl gekenmerk deur hierdie liefde: "Die spel van die geloof en die lied van die hoop word uiteindelik opgeneem in die ewige fees van die liefde..."[23]

Die pogings om hierdie eeue-oue vraag te beantwoord is ook al uit ervarings van onuitspreeklike lyding gedoen, soos blyk uit die aangrypende psigologiese insigte van Victor Frankl in sy klassieke boek, *Man's Search for Meaning*, wat geskryf is na aanleiding van sy belewenisse in Nazi-konsentrasiekampe, en soos verwoord in die nou ietwat gepopulariseerde idee van logoterapie ("Die sin van die lewe is om sin aan die lewe te gee").[24] Dit sou as volg beskrywe kon word:

---

en 5, onderskeidelik bladsye 4-9; 4-9; en 18-25. Hierdie konsep kan op drie vlakke verstaan word: eerstens as die onderbreking van die Christelike tradisie deur kultuur; tweedens as die onderbreking deur die sogenaamde "ander", naamlik die swakkes en kwesbares; en derdens, die teologiese verstaan van onderbreking as 'n daad van God wat ons uit ons geslote ruimtes bevry.

23   Hennie Rossouw, *Die sin van die lewe* (Kaapstad: Tafelberg, 1981), 117.

24   In vroeëre publikasies het ek verwys na die verbande tussen estetika en hoop, oftewel om te soek na sin, veral in tye van lyding. Ek het as volg geskryf: "Nowhere are the connections

Logoterapie is daarop gemik om die los drade van mense se gebroke lewens weer op te tel en in te bind tot 'n sinvolle geheel. Vir sommige mense beteken dit dat hulle hulle liefde weer op hulle kinders rig; vir ander hou dit in die ontdekking van 'n nuwe moontlikheid of sluimerende talente in hulle lewe; en vir nog ander bring dit 'n herontdekking van die verlede en mooi herinneringe. So wil logoterapie mense help om ná 'n lewenskrisis weer verantwoordelik te lewe.[25]

Die soeke na sin kan egter ook meer ironiese en/of satiriese wendings neem. Neem byvoorbeeld die antwoord wat deur Monty Python in sy klassieke film, *The Meaning of Life* (1983), gegee word. Ná 'n aantal tonele, wat as die sewe fases van die lewe voorgestel word (die wonder van geboorte; opgroei en opvoeding; om met mekaar te baklei; middeljarigheid; lewende orgaan-oorplantings; die herfs-jare; die dood), volg die finale toneel met die niksseggende opskrif: "Die einde van die film", waarin ons die volgende wysheid hoor:

Wel, dis eintlik niks spesiaal nie. Probeer om gaaf te wees met mense, vermy om vet te eet, lees elke nou en dan 'n

---

between aesthetics and hope expressed more movingly than in the writings of Victor Frankl. He tells how the most terrible moments in Auschwitz were made bearable by sporadic aesthetic experiences: the sun shining through the trees in the wood (almost like an aquarelle by Dürer); cloud formations on the horizon, a sunset, a far-off light of a farmhouse in the grey morning hours. Experiences like these caused prisoners – often dying – to say yearningly and with anticipation: *How beautiful the world can be...* On the second night that Frankl was in Auschwitz he was woken up by the sound of a violin playing a mournful tango. He thought of someone who had to celebrate her birthday in a cell block only a few hundred meters from where he was. So near, and yet so far, he thought. It was his wife. In his imagination he stood up and danced with her, and in his imaginative dancing, he filled the dark hours of the present with a hope against all hope." Sien Johan Cilliers, 2012, *Dancing with Deity: Reimagining the Beauty of Worship*, 187; ook Frankl, 1947, *Ein Psycholog erlebt das Konzentrationslager*, 56-60.

25   Daniël Louw, *Waarom lewe ek? Hulde aan die Hoop. Nuut bygewerkte teks. Viktor Frankl* (Tygervallei: Naledi, 2007), vii.

*goeie boek, gaan stap gereeld, en probeer om saam in vrede
en harmonie met mense van alle oortuigings en nasies
te leef.*[26]

Hierdie beskrywing van die sin van die lewe is duidelik ligjare
verwyder van die hel van die Holocaust, maar 'n mens kan tog
ook nie juis daarvan verskil nie, nie waar nie? Miskien moet
ons hierdie ernstige vraag nie só ernstig opneem dat ons dít
miskyk waaroor die vraag eintlik handel nie, naamlik die sin
van die lewe. Ernstig.

Dit wil voorkom asof daar nie 'n enkelvoudige antwoord
op hierdie diep, menslike vraag van ons lewens bestaan
nie. Ek is wel daarvan oortuig dat estetika een van die mees
vrugbare ruimtes bied om te betree, veral in die soektog na
die verband tussen genade en die sin van die lewe.[27] Waarom?
Omdat dit, soos reeds vroeër genoem, 'n ruimte bied om die
teenstrydighede van die lewe uit te beeld. Om te wandel in
die woud-van-sin-soeke is geen "stappie in 'n parkie" nie. Jy
word gekonfronteer met vrees en verdwaling, met worstelinge
met mitologiese monsters waaroor jy geen beheer het nie.
Jy beleef egter ook onuitspreeklike blydskap, onverwagse
ontdekkings, verrassende uitweë. Dit alles, en meer, kan
esteties uitgebeeld word, sonder om finale antwoorde of
uitbeeldings voor te gee. Inteendeel, inkongruensies inspireer
eerder estetika.

Na my mening verteenwoordig estetika juis die presiese
teenoorgestelde van afgeronde en finale antwoorde –
laasgenoemde 'n uitgangspunt wat soos 'n goue draad deur
moralisme, rigiede kennis, en oorsaak-en-gevolg strukture
loop. Terwyl moralisme byvoorbeeld vasketting met yster-
"wette", dui estetika op opsies. Terwyl rigiede kennis geen
avonture oor grense (of afdraaipaaie in die woud) toelaat nie,

---

26   Wikiquote. 2020. *Monty Python's The Meaning of Life.* Vertaal
deur Johan Cilliers.

27   Hiermee wil ek nie die idee van estetika verromantiseer nie.
Dit vorm egter 'n basiese perspektief tot my benadering
dwarsdeur hierdie boek. Vir my verstaan van estetika, sien
Johan Cilliers, *Dancing with Deity*, Hoofstuk 2.

vra estetika: Wat gebeur as...? Terwyl oorsaak-en-gevolg strukture net weet van een, onontkombare uitkoms, is estetika nie beïndruk met doodloopstrate nie.

So, kan die sin van die lewe nie ook gevind, of ten minste gesoek word, in die oorweging van opsies, in avontuurtogte oor grense, in die her-ontdekking van paaie deur die doodloopstrate van die lewe nie? Ek glo wel so. En, sou dit nie "genade" genoem kon word nie? Ek dink tog so.

Vir my open estetika speelse ruimtes waarbinne die onuitspreeklike uitspreekbaar word, dikwels in 'n diep, persoonlike sin – soos ook uit hierdie boek sal blyk.

Kom ons verwyl vir 'n oomblik – as 'n aptytwekker – by een so 'n perspektief, geneem uit die wêreld van estetika. Gedurende 1897, nadat die kunstenaar Paul Gauguin Frankryk verlaat het om in Tahiti te gaan leef, skilder hy 'n meesterstuk met die titel: *Waar kom ons vandaan? Wat (wie) is ons? Waarheen is ons op pad?*

Dit is 'n veelseggende titel, om 'n verskeidenheid van redes. Eerstens, volgens oorlewering het Gauguin blykbaar beplan om 'n einde aan sy lewe te maak sodra hy die skildery voltooi het, maar op een of ander manier het die estetiese ervaring om hierdie kunswerk te skep hom daarvan weerhou.[28]

Tweedens bring Gauguin se kunswerk universele, eg menslike vrae aangaande die sin van die lewe op een doek bymekaar. Die interspel tussen menslike angs en

---

28 Sy eie beskrywing van die estetiese proses om hierdie kunswerk te skep, is veelseggend: "They will say that it is careless, unfinished. It's true that it's not easy to judge one's own work, but in spite of that I believe that this canvas not only surpasses all my preceding ones, but that I shall never do anything better, or even like it. Before death [Gauguin claimed to have attempted suicide] I put into it all my energy, a passion so painful in circumstances so terrible, and my vision was so clear that all haste of execution vanishes and life surges up. It doesn't stink of models, of technique, or of pretended rules – of which I have always fought shy, though sometimes with fear." Soos vertaal in George Shackelford, 2004, *Gauguin Tahiti*. Exhibition catalogue, 168.

Illustrasie 1: *Waar kom ons vandaan? Wat (wie) is ons? Waarheen is ons op pad?* (1897)
Paul Gauguin (Publieke Domein)

onsekerheid en die soeke na vrede en gemoedsrus word, byvoorbeeld, geïnterpreteer by wyse van lig en skaduwee, deur kleurkontraste, en deur figure in en uit perspektief te plaas.

In die voorgrond is 'n mens besig om vrugte te pluk, om as 't ware uit te strek om dié simbool van lewe aan te raak en te verteer. Agter die uitgestrekte figuur sit 'n persoon, ietwat uit perspektief, en kyk aandagtig na twee ander mense, aangetrek in pers gewade, wat verbyloop. Dit wil voorkom asof die sittende figuur intens nadink oor die lot van diegene op hulle pelgrimstog deur die lewe.

Die skildery moet van regs na links besigtig word, byna soos 'n Hebreeuse Bybel gelees word. Aan die regterkant kan 'n suigeling gesien word wat slaap, simbolies van die begin van die lewe. Aan die linkerkant is 'n bejaarde vrou sigbaar, wat gelate wag op die dood, tekenend van die einde van die lewe. Al die aktiwiteite van die lewe vind plaas tussen hierdie twee beelde of toestande, van die wieg tot die graf. Al die figure op die skildery vra, elkeen op hulle eie manier, die diepste vrae van menswees: *Waar kom ons vandaan? Wat (wie) is ons? Waarheen is ons op pad?*

Van besondere belang is die blou idool in die agtergrond. Dit verteenwoordig die "Anderkant". Dit is ook nie toevallig dat hierdie "Anderkant" juis gesitueer is in 'n woud, langs 'n rivier nie − herinneringe aan, en verlange na, die Tuin van Eden?[29] Dalk as oeroue simbool van die ruimte waarbinne ons soeke na sin plaasvind?

Daar is 'n derde rede waarom die skildery merkwaardig is, gegewe die dikwels melankoliese en siniese houding van Gauguin teenoor die lewe. In 'n sekere sin staan die skildery, bedoel of onbedoeld, in sterk kontras met 'n vroeëre publikasie van die destyds bekende en kontroversiële Duitse natuurwetenskaplike, Ludwig Büchner. Die boek van Büchner, gepubliseer in 1869, en die bron van hewige debatte in sekere destydse kringe, dra gedeeltelik die presiese titel van Gauguin

---

29   Sien André Breton, 1993, *Conversations: The Autobiography of Surrealism*, 230-236

se skildery, naamlik: *Der Mensch und seine Stellung in der Natur in Vergangenheit, Gegenwart und Zukunft: Woher kommen wir? Wer sind wir? Wohin gehen wir?* (Die mens se plek in die natuur, in die verlede, hede en toekoms: Waar kom ons vandaan? Wat (wie) is ons? Waarheen is ons op pad?). Büchner het self 'n duidelike antwoord op hierdie eeue-oue vrae aangebied:

Waar kom ons vandaan? – vanaf die ape.
Wat (wie) is ons? – vervolmaakte ape.
Waarheen is ons op pad? – na die heropname in
universele materie.

En bykomend:

Wat is ons ideaal? – 'n ras van ape, nog meer perfek as onsself...[30]

Gauguin se kunswerk bied 'n alternatief. Die oorvloedige fauna en flora suggereer wel, aan die een kant, dat ons net soos die ape deel is van die ekologiese sisteme van die lewe. Aan die ander kant: Alhoewel ons DNS baie naby aan dié van (sommige) diere is, het daar iets gebeur met, of binne, die bedrading van ons brein – 'n soort kode is geïnstalleer wat maak dat ons bewustelik nadink oor die sin van die lewe – soos ook ek in hierdie boek – en uiteindelik ook oor God, oor dit wat "anderkant" ons is. Dit maak ons uniek, as mense.[31]

In Gauguin se skildery vervul die idool, geneem uit die kultuur van Indië, hierdie rol – dit wys daarop dat ons inderdaad gekoppel is aan, en op pad is na, 'n "anderkant". Dit suggereer dat die siklusse van geboorte en dood, alhoewel werklik en onontkombaar, nie ewig gefikseer is nie, maar eerder oop is na ander dimensies van bestaan; dat hierdie

---

30   Ludwig Büchner, 1869, *Der Mensch und seine Stellung in der Natur in Vergangenheit, Gegenwart und Zukunft: Woher kommen wir? Wer sind wir? Wohin gehen wir?* 33v.
31   Ek keer terug na die konsep van bewyssyn in Hoofstuk 2.

andersoortige dimensies dalk nader aan ons is as wat ons dink, of sou wou raaksien.[32]

So, *Waar kom ons vandaan? Wat (wie) is ons? Waarheen is ons op pad?* Hierdie drie vrae, soos uitgebeeld deur Gauguin se meesterstuk, sou ook verbind kon word met die klassieke, temporele raamwerk van verlede, hede en toekoms – soos trouens gedoen word in die werk van Ludwig Büchner, waarna bo verwys is.

In hierdie boek stel ek 'n ander driedeling voor, losweg verbind met Gauguin en Büchner se benaderings, asook dié van Rossouw, maar ook met 'n onderskeid.

Die basiese struktuur sal wees:

Om nie ten volle te ken nie...

Om ten volle te ken...

Om ten volle geken te word...

Ek baseer hierdie driedeling, soos Rossouw ook doen, op die uitsprake van die Apostel Paulus in die bekende hoofstuk van 1 Korintiërs 13 oor geloof, hoop en liefde. Maar hier val die klem op die drie vorms van kennis, wat as volg verwoord word:

Nou kyk ons nog in 'n dowwe spieël en sien 'n raaiselagtige beeld, maar eendag sal ons alles sien soos dit werklik is. Nou ken ek net gedeeltelik, maar eendag sal ek ten volle ken soos God my ten volle ken.[33]

---

32   Gauguin ontleen hierdie beeld van die idool aan 'n Indiese voorstelling in Lévi's *Dogme et ritual de la haute magie* [*Dogma and Ritual of High Magic*]; en, volgens Lévi, stel die panteïstiese Addha-Nari godsdiens en waarheid voor, "... terrible for the non-believers and sweet for the initiates". Sien die fassinerende bespreking in Albert Boime, 2008, «Gauguin's *D'où venons-nous? Que sommes-nous? Où allons-nous?* Millenarianism and Necromancy in Fin-de-Siècle France», *Revelation of Modernism. Responses to Cultural Crises in Fin-de-Siècle Painting*, 175-176. Ek keer ook in Hoofstuk 2 terug na die konsep van "dimensies".

33   1 Korintiërs 13:12.

Mag ek dit waag om 'n (estetiese) ruimte te begin beskryf waarin die soeke na sin sou kon plaasvind? Vanselfsprekend verteenwoordig dit 'n voorlopige poging, wat in groter besonderhede in die hoofstukke wat volg herbesoek moet word:

Die soeke na sin vind plaas in die tussenspel tussen die ervarings van nie ten volle weet nie, die hoop op ten volle weet, en die goeie nuus dat Iemand ten volle van ons weet.

Hierdie drie vorms van kennis roep onder andere drie menslik-eksistensiële (en soms skynbaar teenstrydige) ervarings na vore, naamlik verlange (wat 'n goeie kwota twyfel insluit), vervulling, en vertroosting. Die wete dat ons nie weet nie, skep 'n diep hunkering, 'n verlange, en dikwels 'n verlammende vertwyfeling in ons. Die wete dat ons tog ten volle sal weet (en reeds 'n voorsmaak daarvan mag ontvang), skenk momente van ongekende vreugde en vervulling. Die wete dat ons ten volle geken word, lei tot ons vertroosting en berusting.

Die verlange, gebore uit die feit dat ons nie ten volle weet nie, vra geloof; die vooruitsig op vervulling, dit wil sê om ten volle te weet, maak hoop in ons wakker; en die wete dat iemand, uit liefde, ten volle van ons weet, vertroos ons só dat ons ook die sin van die lewe soek en vind in 'n lewenstyl van liefdevolle naastediens.

Dus:

Verlange: Om te weet dat jy nie (volledig) weet nie...
Vervulling: Om te weet dat jy (volledig) sal weet...
Vertroosting: Om te weet dat Iemand (volledig) van jou weet...[34]

Hierdie driedeling vorm die ruggraat – die denkraamwerk – van hierdie boek. Die drie hoofstukke wat hieruit volg word

---

34   In meer "teologiese" terme: Die soeke na sin word gevoed in en deur die interseksies van hermeneutiek (die kuns van interpretasie), hoop (die kuns van verwagting), en heling (die kuns om getroos te word).

telkens afgesluit met 'n besinning, of meer nog: 'n her-besinning – inderdaad 'n soeke na sin – aan die hand van bepaalde Bybeltekste. Omdat 1 Korintiërs 13 so 'n sentrale deel van my eie soeke na sin uitmaak, vorm dit die groter raamwerk waarbinne alles staan – die boek word ook daarmee ingelui, en afgesluit.

Wat binne hierdie groter raamwerk geskryf staan, mag dalk aanvanklik vir jou soos 'n ietwat lukrake samevoeging van baie dinge en gedagtes wees (skilderye, gedigte, verhale, meditasies, astrofisiese mymeringe, ensovoorts), maar hopelik sal my gedagtegang vir jou algaande duideliker word. Hierdie samespel is in werklikheid 'n inherente deel van die onderwerp waaroor ek (probeer) skryf – die sin van die lewe. As die diepste geheim van ons bestaan – na my mening – vra dit juis 'n samespel tussen ervarings van sinloosheid, ontdekkings van sin, en verhale van sinsoekers om sin te kan maak.

Welkom op my reis op soek na sin – vol verlange, vervulling, en vertroosting.

My reis tussen twyfel en troos.

In herinnering aan Adriaan Engelbrecht (04/02/1991–26/07/2019)

Agtergrond

Adriaan Engelbrecht is op 4 Februarie 1991 gebore, een dag voor ons tweeling, Jacques en Karen. Hulle is 'n paar maande later saam, op dieselfde dag, in dieselfde kerk, gedoop. Adriaan was 'n begaafde jong man, maar het vanaf 'n vroeë ouderdom geworstel met die vraag na die sin van die lewe. Op 26 Junie 2019, op die ouderdom van 28, het hy sy eie lewe geneem. Adriaan was my seun se beste vriend. Hy was die enigste kind van Koos en Cecile Engelbrecht. Hulle het my gevra om die begrafnisdiens waar te neem. Die preek wat volg, word met toestemming van Adriaan se familie hier geplaas, en is woordeliks so gelewer.

1 Korintiërs 13:12

Liewe vriende en familie, liewe Koos en Cecile

Toe ons Vrydagaand die hartseer nuus oor Adriaan se dood gehoor het, het 'n hele aantal herinneringe en gedagtes by my opgekom. Ek het dadelik teruggedink aan daardie doopsondag in 1991, 'n bietjie meer as 28 jaar gelede – dit was destyds nog in die Studentekerk, waar ons dienste gehou het – toe vier kinders gedoop is. Een was die kleinkind van Bun Booyens, twee was my en Elna se tweeling, Karen en Jacques, en die ander een was Adriaan. Ek het weer besef hoe ver terug ons geskiedenis met die Engelbrechts strek, en veral die vriendskap tussen Jacques, my seun, en Adriaan. Al was hulle in verskillende skole, het die twee tog altyd kontak behou. Geen wonder dat Jacques kon sê dat Adriaan die vriend was wat hy die langste van almal geken het nie...

Maar daar het, alreeds Vrydagaand, ook 'n teksvers dwars in my pad kom staan – die teks wat ons vanmiddag gelees het uit 1 Korintiërs 13, veral die 12de vers. Dit is 'n teks wat mens nie tradisioneel by begrafnisse hoor nie, eerder by huwelike en ander feesgeleenthede – maar dan was Adriaan ook nie 'n tradisionele kind en mens nie. Die teks, moet ek op 'n persoonlike vlak ook bely, het myself op 'n diep manier geraak en getroos. Dit klink so:

> *Nou kyk ek nog in 'n dowwe spieël en sien 'n raaiselagtige beeld,*
> *maar eendag sal ons alles sien soos dit werklik is.*
> *Nou ken ek net gedeeltelik, maar eendag sal ek ten volle ken*
> *soos God my ten volle ken.*[1]

Hier hoor ons van drie maniere van ken, drie vorme van verstaan. *Die eerste wat ons moet verstaan, is dat ons nie verstaan nie* – ons ken net gedeeltelik. Paulus dink hier waarskynlik aan die spieëls van destyds wat glad nie so helder soos dié van vandag was nie, maar eerder blinkgepoleerde metaaloppervlaktes. Al wat mens van jouself kon sien, was vae buitelyne, skeefgetrek en verwronge, penstrepe – inderdaad 'n raaiselagtige beeld in 'n dowwe spieël. So is dit met ons – ons kyk, maar ons sien, en ken, en verstaan maar gedeeltelik.

Om dit met 'n meer resente metafoor te sê: Ons is soos mense wat om 'n tafel sit waarop die stukke van 'n legkaart verstrooid lê – 5000 stukke. Ons het dalk al hier en daar 'n paar daarvan ingepas gekry, miskien iewers op die rand van die legkaart, maar die res is nog deurmekaar, wanordelik, verwarrend. Ons sien nie, verstaan nie die groter prentjie nie – so is ons lewens.

Ons lewens bestaan uit fragmente. Ons is nie soos 'n marmerbeeld van Michelangelo nie – sterk, gepoleerd en stewig op ons fondamente nie. Ons lewens is eerder soos brokstukke wat rondlê. Dalk tel ons hier en daar 'n fragment op wat vir ons sin maak, en iewers inpas, maar die res is

---

1   1 Korintiërs 13:12.

buite ons beheer. Ons ken slegs gedeeltelik, verstaan slegs gedeeltelik, inderdaad.

Daar was 'n tyd in die geskiedenis van die kerk toe ons gedink het geloof beteken om altyd sterk te wees, onverstoorbaar, absoluut seker. Maar geloof is nie so nie. Geloof is eerder om te verstaan dat jy nie verstaan nie, om te weet dat jy nie weet nie, ja, om van tyd tot tyd te twyfel. Martin Luther het eenmaal gesê dat geloof niks anders is nie as *getrooste twyfel.* Dis hoe ons lewens is: partykeer twyfel, dan weer troos; partykeer troos, dan weer twyfel. Partykeer weet ons iets, en ander kere vra ons waarom? Waarom, Here?

Toe ek die nuus van Adriaan hoor, het ek ook gedink aan 'n gedig wat iemand eenmaal geskryf het, na die skielike dood van sy dogter – sy is deur die weerlig doodgeslaan.[2] Dit was inderdaad vir die digter soos 'n slag uit die bloute. Die titel van die gedig is: *O, die pyngedagte,* en die digter was Totius. Enkele verse uit die gedig klink so:

O, die pyn-gedagte: My kind is dood!
dit brand soos 'n pyl in my.
Die mense sien daar niks nie van,
en die Here alleen die weet wat ek ly.

Die dae kom en die nagte gaan;
die skadu's word lank en weer kort;
die drywerstem van my werk weerklink,
en ek gaan op my kruisweg vort.

Maar daar skiet aldeur 'n pyn in my hart,
só, dat my lewe se glans verdwyn:
Jou kind is dood met 'n vreeslike dood!
En – ek gryp my bors van die pyn.

---

2   Vergelyk in die Inleiding, ironies genoeg, die manier waarop Paul Tillich die weerlig verstaan – as simbool van genade.

O, die pyn-gedagte: My kind is dood!...
dit brand soos 'n pyl in my;
die mense die sien daar niks nie van,
en die Here alleen die weet wat ek ly.

Het u al opgemerk hoe ons name gee vir mense wat iemand aan die dood moes afstaan? Ons klassifiseer hulle – 'n weduwee is iemand wie se man oorlede is; 'n wewenaar iemand wie se vrou dood is; weeskinders is mense wat hulle ouers verloor het. Maar daar is nie 'n naam nie, nie 'n kategorie vir iemand wie se kind of kinders dood is nie. Sou ons hulle *weesouers* kon noem? Eintlik is dit onnoembaar, hierdie hartseer, kan dit nie uitgespreek word nie, is daar nie genoeg woorde of name om dit te beskryf nie...

Ja, ons ken maar net gedeeltelik.

Maar, nou staan daar ook 'n *maar* in ons teks, soos die geval is in baie Bybelse tekste. *Maar...* eendag sal ons ten volle ken. Hiermee word alles wat ek sover gesê het, eintlik omgedraai. Eendag sal ons nie meer net 'n raaiselagtige beeld in 'n dowwe spieël sien nie, maar, soos Paulus sê, letterlik van aangesig tot aangesig. Eendag sal ons nie net die gesig van God helderder sien nie, maar ook van aangesig tot aangesig wees met hulle wat ons deur die dood vooruitgegaan het. Eendag sal ons al ons vrae, al ons raaisels, al ons waaroms en hoekoms van aangesig tot aangesig kan uitklaar.

Eendag sal ons, by wyse van spreke, rondom die tafel van die ewigheid sit, en die stukke van die legkaart sal voor ons oë in plek val. Eendag sal ons nie meer fragmente wees nie, maar voltooid en vervolmaak. Eendag sal die troos en die twyfel mekaar nie meer afwissel nie, maar sal die twyfel wyk, en daar net troos oorbly. Eendag sal daar nie meer doodsgedigte en waaroms en hoekoms wees nie, maar net lewe en vrede. Eendag sal daar nie meer weduwees en wewenaars en weeskinders en weesouers wees nie, maar net kinders van God in die familie van God, wat woon in die Vaderhuis met sy baie woonplekke...

Maar, sou ons kon vra – is *eendag* dan al wat ons het? Moet ons maar net uithou en aanhou tot *eendag*? Nee, daar is ook nog 'n derde deel van ons vers, en dit was veral hierdie deel wat my lank laat nadink het, en diep getroos het. *Nie alleen verstaan ons nie alles nie; nie alleen sal ons eendag alles verstaan nie – maar God verstaan ons nou, ten volle.* Mense kan mekaar nooit ten volle verstaan nie. Ons verstaan onsself nie eers ten volle nie. 'n Mens kan 60 jaar met iemand getroud wees, en daardie persoon nog nie ten volle verstaan nie. 'n Mens kan selfs nie eers jou kinders of ouers ten volle verstaan nie. Wie sou byvoorbeeld verstaan waardeur Adriaan moes gaan, en wat deur sy gedagtes moes gaan, die laaste paar jaar en veral dae van sy lewe? Maar... God verstaan ten volle; God verstaan ons almal vanmiddag ook ten volle, en God verstaan ook vir Adriaan ten volle.

Die ander woord daarvoor is liefde – dit waaroor 1 Korintiërs 13 handel. God se verstaan van ons beteken dat God ons aanvaar soos ons is, met liefde – sonder verwyte, sonder veroordeling, sonder kritiek, sonder vereistes, sonder voorwaardes. God ontvang ons soos ons is, met liefde. Sou ons kon sê dat Adriaan so deur God in sy laaste oomblikke ontvang is – omarm deur hierdie onvoorwaardelike, ten volle begrypende liefde? Ek glo ons kan.

Die Here alleen die weet wat ek ly...

En hoe sou die Here dit weet? Wel, die Here het mos ook 'n Seun gehad wat op 'n jong ouderdom, in die fleur van sy lewe, dood is. Hierdie Seun word die Eniggebore Seun van God genoem. Hierdie Seun het ook sy oomblikke van twyfel gehad – *My God, my God, waarom het U my verlaat?* Maar hierdie Seun is in die ewige liefde van God ontvang, waar Hy plek vir ons, en ook vir Adriaan, gaan voorberei het, in die Vaderhuis met sy baie wonings.

Die Here alleen die weet wat ek ly...

Koos en Cecile, liewe familie en vriende... dít is ons enigste troos in ons twyfel.

Hoofstuk 1

Verlange: Om te weet dat jy nie (volledig) weet nie...

Ek weet nie.

Ek weet dat ek nie weet nie.

Ek dink dít – dat ek weet dat ek nie weet nie – maak my (baie) slim.

Daar is niks verkeerd met nie-weet nie. Inteendeel, dit kan die mees bevrydende wete wees waarvan die mensdom weet.

Natuurlik weet ons baie dinge. Ons kennis verdubbel, verdriedubbel teen 'n asemrowende en toenemende tempo. Ons is heel kundig. Die toekoms sal, sonder enige twyfel, nuwe insigte meebring soos nooit tevore nie. En tog staan ons nog in en voor hierdie heelal met sterre in ons oë, knipoog ons in ongeloof oor nimmereindigende ontdekkings. Alles is moontlik. Die grens van die kosmos – indien daar 'n grens is – is veel groter, veel ruimer, as die grense van ons kennis. Daar is dus grenslose ruimte vir ons kennis om te verbreed. Die vermoë – en bereidwilligheid – om verstom te staan, sal, mág, ons daarom nie verlaat nie. Daar is nog só baie, en sal altyd só baie wees, waaroor ons met die hand op die mond kan staan.

Neem byvoorbeeld twee skynbaar volkome teenoorgestelde en tog verstommend ooreenstemmende entiteite: die kosmos en dit wat binne ons kranium te vinde is – ons brein. Ons weet vandag dat die kosmos lank, lank gelede tot stand gekom het (13,800 000 000 jare, min of meer, binne die skatting van 'n paar miljoen hierdie of daardie kant toe), maar ons weet nie regtig wat vóór die kosmos was, voordat die kosmos die kosmos geword het nie – indien "voor" hoegenaamd die korrekte woord is om hier te gebruik, gegewe dat dit 'n temporele konsep is. Hierdie kosmos is só groot, só enorm, dat dit ons brein verbyster wanneer ons dit waarneem.

Gepraat van verbysterde brein, ons brein is self iets waaroor ons ons brein mag verbyster. Ons kan ons brein se dimensies binne ons kranium haarfyn meet, maar dit wil voorkom asof ons moeite het om die misterie van die neurologiese bedrading daarbinne te begryp. Binne hierdie kompakte kompartement, genaamd kranium, kom jy af op nimmereindigende en asemrowend aanpasbare elektromagnetiese impulse, flitse van sinapse, kodering van informasie, berging van geheue, emosies van empatie, menslike bewussyn (dalk die grootste geheimenis van almal) – vind jy polsende *lewe*. Wie verstaan dit?

Kranium en kosmos, kosmos en kranium – aan die een kant: 'n makrokosmiese ontploffing van massa en materie, van duisternis en lig, van sterre en swart gate, van planete en komete, van sonnestelsels en swaartekragte...en aan die ander kant: 'n brein, polsend met die mikrokosmiese netwerke van mens-wees, met *lewe*. Wie verstaan dit?

Dit wil voorkom asof hierdie verstommende brein van ons voortdurend nuuskierig is, op een of ander manier gekoppel is aan hierdie verstommende, voortdurend uitkringende kosmos. Een of ander geheimenisvolle sinaps bly heen en weer flits tussen hulle. As menslike wesens mik ons altyd na "meer", of "dieper", of "hoër". Op een of ander manier huisves ons binne-in ons die hunkering, die verlange, die dors, na dit wat die "sin van die lewe" genoem word. Dít is wat ons menslik maak, onder andere.

J.H. Bavinck, die bekende Hollandse teoloog, skryf êrens as volg hieroor:

Dors? Wie het nie dors nie? Ons lewe hang van dors en nog meer dors aanmekaar. Ons taal sê dit al. Jy kan eersugtig wees of leergierig, gemaksugtig of geldgierig. Jy kan dors hê na 'n vakansie of na 'n liefkosing of na 'n nuwe motor of na ek weet nie wat nie. Dit is so omdat ons lewe self altyd leeg is, en ons dit 'n bietjie probeer opvul met sensasie of met een of ander prikkelende ideaal, of met skaterende lag. Nee, dors, dit het ons almal, dit is die grondtrek van ons lewe. Die groot dorste en die klein dorsies wat ons lewe so kwel, het almal iets met God te make. Aan die bodem van dit alles is die feit dat ons God nodig het. God, om eindelik te kan uitrus na die opgejaagde spanning; God, om ons hopelose onvoldaanheid en armoede en angs teenoor uit te skree; God, om ons kop neer te lê in sy ontfermende genade; God, om eindelik weer diep asem te kan haal en veiligheid te vind. Al die dorste wat ons lewe benoud maak, is niks anders nie as een, magtige kamoeflering van wat ons eintlik nodig het, 'n kamoeflering van ons dieper dors... na God. Augustinus is reg: ons hart bly onrustig in ons, totdat ons rus vind in God. [Vry vertaal.][1]

Ek dink ook Augustinus was reg. Ons verlang nié net na iets of iemand nie, maar veral na Iemand. Ek dink dit sit diep binne-in almal van ons. Soms verlang jy só wanneer jy goeie dinge beleef; en soms, of dalk meestal, wanneer jy deur donker driwwe moet gaan. Soms verdring ons hierdie verlange, en soms vermom ons dit, maar dit bly maar daar; dit gaan nie weg nie. Soms is jy só vol bravade dat jy (oënskynlik) geen behoefte het aan verlange nie; en soms is jy so broos dat elke hartklop 'n gebed vol hunkering word. Soms is dit so vaag in ons onderbewussyn dat dit feitlik verdwyn, en soms is dit 'n skor kreet wat alles verdring, of 'n woordlose gesug en gesmag.

Dis nogal moeilik om hierdie verlange te beskryf. Dit word nie sommer in woorde vasgevang nie. Jy sou dit dalk onvergenoegdheid kon noem – die ervaring dat jy nie ver genoeg gevorder het op een of ander pad nie; nie ver genoeg ingedring het in die skynbaar altyd ontwykende Misterie nie; nie ver genoeg ontluik het in jou selfbewussyn nie. Hierdie verlange is in elk geval nie dieselfde as ondankbaarheid nie. Inteendeel, dis meestal mense wat iets van dankbaarheid verstaan, wat ook iets van verlange begryp. Dis hulle wat nie ondankbaar is nie, wat weet dat die lewe onaf is.

---

1   Aangehaal uit Johan Cilliers, *Die Tint van ons Toekoms. Padlangse gesprekke oor die Psalms* (Midrand: Luca, 2021), 46.

Verlange. Dit sit in die fynste vesel van my wese. Dit roer in die diepste roersels van my bestaan. Wanneer presies dit my binnegedring het, of in my geplaas is, weet ek nie. Dalk nog voordat ek gebore is? Verlange, versmagting, hunkering, hoop – hoe sou ek dit kon beskryf? Ek weet nie (presies) wat dit is en hoe dit werk nie, maar ek weet waaroor en oor Wie dit gaan. Altans, ek het dit by die psalmiste van ouds geleer – dat ek dors na God, na die lewende God, maar ook dat ek net by hierdie God rus kan vind.[2] Ja, Augustinus was reg.

Die verlange, die dors loop inderdaad soos 'n goue draad deur al ons doen en late. Ons hele bestaan is een groot hyg-roep, een asemteug – na iets, of iemand, en uiteindelik, na Iemand. Deur die eeue heen klink dit op, uit ontelbare monde en op miljoene maniere.

Mense het al op baie maniere probeer om hierdie dors te les en hierdie verlange te stil. Maar, dit hou aan terugkom – keer op keer. Ons doen ons bes, meestal, om daarvan weg te hardloop, maar ons kán nie. Soos ons skaduwee, kán ons dit nie afskud nie. Soms steek dit ons selfs verby, maak dit die pad voor ons donker – soos die spookagtige skemering onder die blaredak in 'n woud. Maar dit hóéf nie; dit moet eerder help om die weg te verlig.

Dis hierdie verlange wat maak dat ons die mees basiese vrae vra wat enige mens kán vra, naamlik. Waarom? Waarheen? Waartoe?[3] Of, om dit in ander woorde te stel: Wat is die redes vir ons bestaan? Hoekom is daar iets, selfs iemand – soos ek, byvoorbeeld – en nie niks nie? Nie geen-ding nie? En, as daar iets en iemand is, en nie geen-ding nie, waarheen is dit alles op pad? Êrens? Nêrens? Na die afgrond van geen-ding? Die vakuum van on-ding?

Verder, as daar dan 'n rede is vir iets en iemand om hier te wees, en op pad te wees na êrens, hoe moet hierdie proses, hierdie bestaan, geleef word? Met ander woorde: Wat maak

---

2   Sien Psalm 42:3 en Psalm 62:2.

3   Sien H.W. Rossouw, 1984, *Die Sin van die Lewe*, 14v.

hierdie lewe sinvol? Ons kom van êrens, en ons is op pad na êrens – hoe moet ons dan wéés, dus bestaan, tussen-in?

Kom ons dink vir 'n oomblik na oor die eerste vraag: Waarom? Wat is die redes vir ons bestaan? Of, in die woorde van die eerste frase van die titel van Gauguin se kunswerk, waarna ek voorheen verwys het: Waar kom ons vandaan?

Hierop kan mens baie antwoorde gee, afhangende van jou gesigspunt, letterlik vanwaar jy staan (of sit) en kyk. Ek onthou hoedat ek 'n aantal jare gelede onder die sterrehemel in die Karoo gesit het, en opnuut besef het: Die kosmos is ons huis, ons tuiste.[4] Ons kom vanuit die kosmos, ons is deel van die kosmos, en ons keer terug na die kosmos. Ons is stof, maar ons is inderdaad ook sterstof – soos dit deesdae meermale uit die populêre volksmond opklink. Ek wil hierdie sentiment egter nie verromantiseer nie. Met respek gesê, sou ek in hierdie sin selfs traag wees om saam met Leonardo da Vinci te stem as hy verklaar:

Hy wie se lot aan 'n ster verbind is, keer nooit terug op sy skrede nie.[5]

Ons lot is wel aan die sterre verbind – ons is deel van die kosmos, en daarom kan en moet ons nie ons skrede, ons lewensloop, ons plek op hierdie aarde verlaat nie – altans, so redeneer ek. Ek en jy styg nooit bo die kosmos, of die aarde, uit nie. Ons keer juis terug op ons skrede – want dit is waar ons sin lê, en te vinde is. Ons sou dit dalk anders wou hê, want die pad waarop ons skrede loop, op hierdie aarde, is nie altyd maanskyn (of sterlig) en rose nie – om weer uit die volksmond te leen. Trouens, dis 'n plek vol twyfel en trane. Ons kan nie

---

4   Die Karoo is 'n semi-woestynagtige gebied in Suid-Afrika, en vorm 'n belangrike metafoor vir my teologiese denke. Sien die besprekings en verwysings verderaan.

5   Hierdie beroemde aanhaling van Da Vinci word soms ook vertaal as: "Hy wie se lot aan 'n ster verbind is, draai nooit terug nie.", of selfs: "Hy wie se lot aan 'n ster verbind is, verander nooit sy opinie nie." Ek verkies die aanhaling soos bo.

Illustrasie 2: *Die skone orde van kosmiese chaos* (1995)
Johan Cilliers

daarvan ontsnap nie. Juis dit maak ons deel van die kosmos, deel van sterstof.

Die sterrehemel mag dalk 'n romantiese plek wees om onder te sit, maar dit moet nie verromantiseer word nie. Die kosmos is ook 'n plek vol chaos, met ruimte en kragte en momentum en energie wat op 'n skynbaar chaotiese manier interaksie met mekaar het. Maar daar is 'n mooi orde agter, en binne, hierdie kosmiese chaos — en dit is presies hier van waaruit ons nie moet probeer ontsnap nie, eerder waar ons hoort en tuiskom. My eie, estetiese reaksie op hierdie "kosmiese tuiskoms" was om dit te probeer uitbeeld, soos gesien in Illustrasie 2.

Met ons brein probeer ons om die betekenis van hierdie kosmos te ontsyfer, om redes vir die bestaan daarvan, en van ons eie, te vind. In die proses kan ons óf eindig in 'n wanhopige, selfs nihilistiese put, óf ons kan verbysterd bly, selfs met blydskap. Tot 'n sekere mate, behoort die keuse aan ons.

Kom ons gaan op twee reise — dit mag ons in hierdie verband help. Eerstens reis ons *na buite*, die ruimte in. Ná omtrent 10 000 kilometer, as jy terugkyk, sien jy die ronde vorm van ons blou planeet, met sommige kontinente wat nog sigbaar is. 'n Verdere 100 000 kilometer, en die aarde word 'n klein bal teen die pikdonker, kosmiese agtergrond. Ná 10 miljoen kilometer reis jy deur die asteroïede gordel, en "net" 100 miljoen kilometer verder, vaar jy verby 'n paar "nabye" planete; nog 10 biljoen kilometer en jy is in die Kuipergordel; nog 100 biljoen kilometer en jy kan wuif vir die dwergplanete (teen hierdie tyd moet jy al teen die spoed van lig begin reis, in ligjare). Dit bring jou by 'n uitkykpunt 1 miljoen ligjare weg, met skouspelagtige beelde van ons melkweg, asook ons galaktiese bure. Nog 10 miljoen ligjare verder, en... wel, so gaan dit aan. Jy kry die prentjie. Jy is *ver* weg. En tog is dit maar net 'n kort treetjie in ons kosmos in. As jy sou aanhou reis (teen die spoed van lig, natuurlik) bereik jy die einde (?) van die sogenaamde kosmiese web, omtrent 10 biljoen ligjare van ons aarde af...

Kom ons keer terug aarde toe, en reis hierdie keer *na binne*, in ons kranium in. Ná omtrent 10 millimeter mag ons dalk 'n bloedvat vind; nog 100 mikrometer bring ons by 'n witbloedsel; 100 nanometer verder, en ons vergaap ons aan 'n DNS-string – simbool van lewe. Nog 10 nanometer, en ons kom af op 'n chromosoom; 'n verdere 100 picometer openbaar 'n suurstofsel; nog 10 picometer en ons is by die binne-atome. Nou is "slegs" 1 picometer nodig en jy bevind jouself binne-in 'n atomiese vakuum. O, die stilte van hierdie miniatuur wêreld! 10 femtometer dieper, en jy word omring deur die mikrokosmos van neutrone en elektrone – of is dit planete en komete? Is ons weer terug in die ruimte? Nóg 1 femtometer, en...wel, ek dink ons is nou diep genoeg, in die misterie in. Nou begin ons raak aan die kleinste van die kleinste, aan die membrane en stringetjies en vibrasies wat die "mees minuskule onderdeel van alles" is...[6]

Kosmos en kranium, kranium en kosmos – gevul met donkerte, lig, koue, hitte, dood, lewe, momentum, hoop...en, êrens tussen 10 biljoen ligjare en 1 femtometer, is ek – deel daarvan, deelnemer daarin. Dalk 'n spikkel op 'n skynbaar niksseggende spiraal, iewers in die onmeetlike ruimte; 'n kortstondige kwashaal op 'n asemrowende doek van kosmiese skoonheid; 'n neurologiese flits in 'n elektriese storm van superkragte... maar ek is daar.

Ek is hier, nou.

Hierdie insig – in die asemrowende omvang van die kosmiese ruimte en die geheimenisse binne ons kraniumruimte – plaas alles in perspektief, sit ons op ons plek.

Die volgende keer as jy tog weer so belangrik voel, dink daaraan dat jy (en ek) 'n spatseltjie plasma in 'n uitkringende kosmos is; 'n hartkloppie in 'n hoekie van die heelal, 'n druppeltjie in die ewige dam van tyd en ruimte... Ag wêreld, wie is ek (en jy) tog? Ja, wat is die mens?[7]

---

6   Sien Hoofstuk 2 vir 'n bespreking van die sogenaamde "theory of everything".

7   Sien Psalm 8:5.

Maar, volgende keer as jy so nikswerd en onbenullig voel, dink ook daaraan dat jy só baie werd is dat die Skepper uit niks nie net aan jou dink nie, maar jou ook ten volle ken en na jou omsien; selfs die aantal hare op jou kop getel het – al is die somtotaal daarvan nul.[8]

Dit wil voorkom asof daar 'n (skynbaar nimmer-eindigende) spanning tussen hoogmoed, nederigheid, en 'n gesonde selfbeeld bestaan. 'n Mens kan helaas ook nederigheid in 'n vorm van hoogmoed verander – en dan (heel hoogmoedig) spog oor jou nederigheid. Ek en 'n vriend het jare gelede hieroor met mekaar gespot, en toe, tong in die kies, besluit dat ons eendag 'n boek sal skryf met die titel: *Van Hubris tot Humus: Tien stappe tot Volmaakte Nederigheid.*

Wel, ons het – genadiglik – toe nooit die boek oor *volmaakte* nederigheid geskryf nie. Dalk was ons net te nederig...

Ek het 'n kuur vir megalomanie. Mens noem dit: Karoo.[9] Gaan sit maar 'n slag onder die sterrehemel, iewers in die wye vlaktes van hierdie semi-woestynland – totdat die stilte oor jou siel spoel. Daar is geen plek vir 'n opgeblase ego nie. Net grootoog, oopmond bewondering. En, let op – dit het alles met 'n bepaalde wete, inderdaad met wetenskap te make. Niemand minder nie as Albert Einstein sê dit – en niemand sou hóm tog van onwetenskaplikheid kon beskuldig nie:

"Die beste ervaring wat 'n mens kán hê, is dié van die misterieuse. Dit is die egte hart van die wetenskap."[10]

So is dit. Maar wat nou as jou lewe lelik ontvou, as alle misterie soos mis verdwyn, as al jou uitroeptekens van verwondering

---

8   Sien Psalm 8:5; Matteus 10:30; asook Hoofstuk 3 oor God se volkome kennis van ons.

9   Die naam Karoo stam waarskynlik van die Koi-woord *Karus* af, wat dorstige land beteken. Vgl. Chris Schoeman, 2013, *The Historical Karoo. Traces of the Past in South Africa's Arid Interior*, 8-9. Sien ook my bespreking in Johan Cilliers, 2016, *A Space for Grace: Towards an Aesthetics of Preaching*, 1v.

10   Soos vertaal en aangehaal in Johan Cilliers, *Die Uitwysing van God op die kansel* (Kaapstad: Lux Verbi, 1998), 10.

omslaan in vraagtekens? Wat nou as die chaos van die kosmos vir jou meer word as die skone orde daarvan? As die kort sin waarmee ek die boek begin het – *ek (ons) is hier, nou* – van alle kante bedreig word? Kom ons lees dit weer 'n keer van agter na voor, hierdie keer vanuit die perspektief van bedreiging, van ondergang:

"Nou" – hierdie moment, nou, voel vir my soos 'n aaklige ewigheid, gevul met angs en swaarmoedigheid.

"Hier" – hierdie ruimte waarbinne ek myself bevind, voel soos 'n koue kerker; gevul met die slegte nuus van oorlog, van natuurkatastrofes, met verhale van matelose lyding, van vlugtelinge se angs, van honger kinders, van gebrek aan die basiese elemente van menswees – voedsel, water, skoon lug. Verstaan jy nie? Ek wil nie "nou", "hier" wees nie...

"Is" – waarom lewe ek? Sou dit nie beter wees as ek nooit bestaan het, nooit bewussyn gehad het nie, nooit binne tyd en ruimte, hier en nou, geplaas is nie? Eerder die salige niks van bewusteloosheid "beleef" het nie?[11]

"Ek" en "Ons" – wie is hierdie "ek" nou eintlik? Goed of sleg? Skadu of lig? En hierdie "ons"? Wat maak ons "ons"? En as ek alleen en eensaam is, en daar geen "ons" is nie – is dit nie die diepste eensaamheid wat "ek, hier en nou" kán ervaar nie? Of dalk my redding?

Dan word my verwonderde uitroep 'n kreet van twyfel, 'n pynlike vraag:

Hoekom is ek hier, nou?

Soms, wanneer die katastrofes van die lewe jou tref, en dit vir jou voel asof die lewe volledig "buite orde" is, mag selfs hierdie kreet van twyfel nie meer vir jou genoeg wees nie; nie meer reg laat geskied aan die gevoelens van wanhoop wat jou lewe so donker maak nie. Wanneer die legkaart se stukke uitmekaar bly val, ten spyte van hóé noukeurig jy pak; wanneer die fragmente van jou bestaan net meer en meer word, dan word

---

11   Sien die verdere bespreking van "bewussyn" in Hoofstuk 2.

die uitsig op (jou) lewe so troosteloos, so skynbaar hopeloos, dat niks meer "sin maak" nie. Ook nie meer saak maak nie. Dan kan die pynlike "waarom"-vraag die vorm aanneem van 'n sug, gebore uit die "donker nag van die siel"[12] – 'n sug wat sê:

Ek wil nie langer hier wees nie. Nie nou nie.

Dan weet jy: Ek het my vasgeloop in die bos. Die bos het boos geword. Daar is 'n wolf op my spoor...

Op hierdie ervarings van sinloosheid kan ons, mág ons, nie vinnige en goedkoop antwoorde gee nie. Clichés klaar nie chaos op nie. Inteendeel. Maar dalk moet ons juis anders na die chaos van ons lewens kyk. Die kosmos – om weer na die metafoor van die Karoo se hemelruim te verwys – bevat wel 'n bepaalde chaos – van botsende kragte en magte, van verbysterende verwoesting van planete, sonne, selfs sonnestelsels. Swart gate sluk alles in. Die kosmos is op die oog af 'n uiters gewelddadige plek. Maar dis presies hierdie chaos wat ook 'n bepaalde skoonheid, 'n sekere sin vertoon – hoe teenstrydig dit ook al mag klink. Dit verteenwoordig die *skone chaos van bestaan*.[13] Dit sê: Chaos (om nie die orde te ken of te verstaan nie) is goed. En dus: Om te weet dat jy nie weet nie, berg die moontlikheid van 'n nuwe orde, van opstanding, van lewe.

Ek moet bely – dit laat my baie beter voel oor my eie lewe. Dit herinner my weereens daaraan, dat ons onsself tog nie so ernstig moet opneem nie.[14] So, kom ons skuif vir 'n oomblik weg van die (skynbare) verhewe na die (skynbare) lighartige; van die (oënskynlike) sublieme na die (oënskynlike) banale. Hierdie wete dat chaos goed is, laat my beter voel oor die staat (van on-orde) van my sogenaamde kantoor. Een van my voormalige (en baie kreatiewe) doktorale studente

---

12   Titel van die gedig van St. John of the Cross, *The Dark Night of the Soul*. Geskryf tussen 1577 en 1579.

13   Nietzsche het gepraat van die skone chaos van bestaan (*schöne Chaos des Daseins*). Friedrich Nietzsche, 1973, *Die fröhliche Wissenschaft*, 201.

14   Sien die bespreking verderaan in Hoofstuk 1, asook in die Slotsom oor die rol van spel in die soeke na sin.

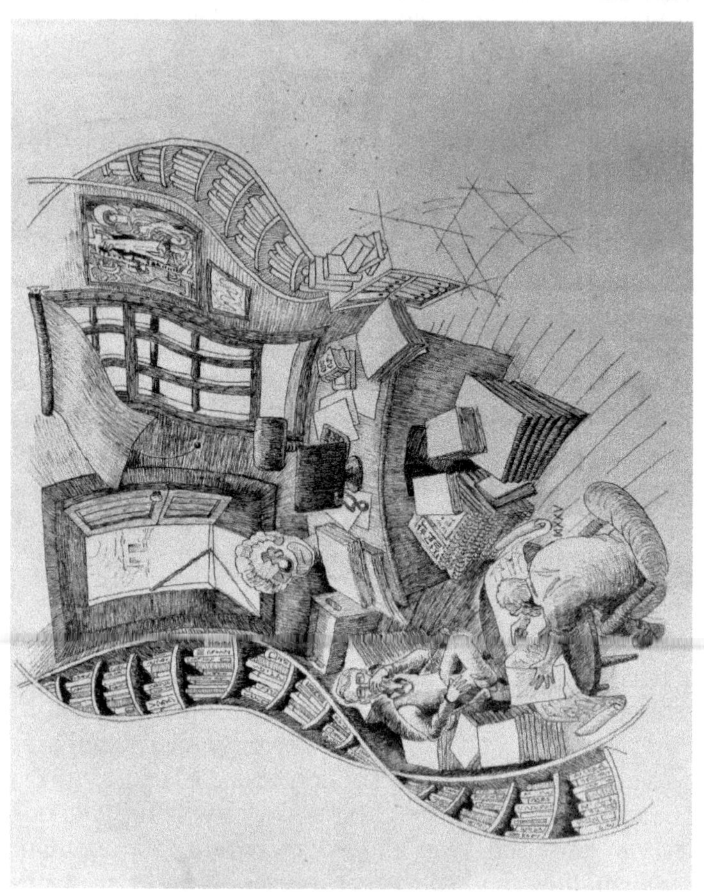

Ilustrasie 3: *Offisiële Chaos* (2019)
Martin Mostert

het eenmaal 'n skets van my kantoor gemaak, volgens sy herinnering daaraan. Hier is sy weergawe van die "skone orde van kosmiese chaos", wat ook my kantoor genoem sou kon word (sien Illustrasie 3).

Wat my veral getref het, was die detail tussendeur die swaaiende bewegings van perpetuele chaos. In besonder die skildery van die oop deur (bo, links), met die wandelstok wat wag om opgetel te word in antwoord op die roepstem van die oop pad – 'n pad wat ons uitnooi om daarop te kom loop, na die "anderkant", wat ook "huis" genoem sou kon word...[15]

Aan die regterkant, bo, hang 'n kopie van Pablo Picasso se *Crucifixion* teen die muur, 'n kunswerk wat my vir 'n lang tyd gefassineer het, en steeds doen. Onder die skildery met die oop deur kan die naragtige gesig gesien word wat deel was van die kantoor, sover terug as wat ek kan onthou.[16] En die oop venster met die gordyne wat fladder in die wind? Dalk het my student dit geïnterpreteer as 'n simbool van beweging, van verandering, van oorgang en tussen-in wees?

Ek dink hy kon aanvoel: In hierdie ruimte is chaos goed, en is fragmente in (of is dit uit?) orde. Hier sou "orde" in werklikheid on-ordelik wees.

En, o ja, net ingeval jy gewonder het: Die een wat met sy hand op sy mond sit (nie regtig weet wat om te sê nie), en peinsend voor hom uitstaar – dis ek.

Gedurende die laat 1980's het die Duitse teoloog Henning Luther die idee van die lewe as 'n *fragment* – wat sy oorsprong in die estetika het – in die teologiese debat van sy tyd ingevoer.[17] Hy het hierdie konsep benut juis om 'n spesifieke verstaan van *identiteit* uit te daag, 'n identiteit wat voorgestel is as 'n volledig intakte en geïntegreerde produk, afgehandel en vervolmaak.[18] Henning Luther het verkies om

---

15   Sien ook die bespreking van hierdie kunswerk in Hoofstuk 2.
16   Sien ook die bespreking van hierdie kunswerk in Hoofstuk 1.
17   Vgl. Charles Campbell en Johan Cilliers, 2012, *Preaching Fools: The Gospel as a Rhetoric of Folly*, 45-48.
18   Henning Luther, 1992, *Religion und Alltag: Bausteine zu einer Praktischen Theologie des Subjekts*, 160.

eerder te praat van identiteit as 'n onvolledige, voortdurend onderbroke en gebroke proses, oftewel as fragment.[19] Hierdie verstaan van identiteit staan in sterk kontras met een wat totaliteit voorhou, of wat as 'n staat van heelheid-in-sigself, van onfeilbare eenheid, en van voortdurende en onuitgedaagde relevansie gepropageer sou kon word.[20]

Volgens Henning Luther is daar fragmente uit die verlede, sowel as fragmente uit die toekoms.[21] Die *fragmente uit die verlede* is daardie brokstukke van onafgehandelde sake, daardie skerwe van 'n eenmaal heel, maar nou vernietigde werklikheid, wat ons as torso's, as ruïnes bly teister, as 'n herinnering aan ons skuld, onder andere. Hierdie fragmente van die verlede kan ervarings van pyn en angs by ons skep, wat op hulle beurt weer kan lei tot berou, selfs in die vorm van wat Henning Luther noem 'n "estetika van belydenis".[22]

Die *fragmente uit die toekoms*, aan die ander kant, dui op onafgehandelde sake wat te make het met daardie ervarings en lewenspogings wat nog nie hulle finale vorm en voltooiing gevind het nie. Hierdie fragmente uit die toekoms maak gevoelens van verlange in ons wakker – verlange na dit wat "meer", of "dieper" is, gevoelens wat verhinder dat ons in dowwe berusting, of erger, verharding en verbittering verval.[23] Hierdie gevoelens van verlange help ons om oop en vloeibaar met die oog op die toekoms te bly.

Hierdie fragmente uit die verlede en die toekoms wys heen na iets anders en buite hulleself, na moontlikhede wat nog vervul moet word.[24] Henning Luther wys daarop dat die estetiese gedagte van fragment in 'n sekere sin soos 'n goue draad deur alle teologiese temas geweef is, of behoort te wees. Dit bied byvoorbeeld 'n nuwe blik op *geloof*, deurdat dit geloofsidentiteit verhoed om 'n onbeweeglike monument te word, en onderstreep dat geloof beteken om juis nie intakt te

---

19   Ibid., 161.
20   Ibid., 180-182.
21   Ibid., 167.
22   Ibid., 182.
23   Ibid., 169-170.
24   Luther, *Religion und Alltag*, 167.

wees nie, maar eerder om as fragment in die vertroue op die realisering van 'n groter geheel te leef.

Fragmentasie onderskryf ook 'n spesifieke verstaan van *liefde*, daardie kernwoord in feitlik alle gelowe. Liefde beteken dat ons begryp dat ons nie die enigste fragment op hierdie aarde is nie, en dat ons idees oor identiteit voortdurend uitgedaag word deur ander; dat ons inderdaad verbonde is aan mekaar, en ruimte vir mekaar moet skep, uit liefde.[1] Liefde, veral in hierdie sin verstaan, is nie 'n abstrakte konsep nie, maar roep eerder op tot self-opoffering en diens, ter wille van die "ander". Dit is trouens juis deur self-opoffering en diens, ter wille van hierdie "ander", dat die sin van die lewe gevind, en geskep word. Inderdaad, die sin van die lewe is om sin aan die lewe te gee – die lewe van andere.

Diegene wat iets verstaan van hulle eie gebrokenheid kan nie sonder liefde teenoor ander wees wat ook gebroke is nie. Hulle weet uit eie ervaring dat fragmente saam in liefde kan en moet leef, dat hulle nie moet toegee aan die versoeking om rigiede grense of eksklusiewe klubs te vorm nie. Trouens, *sonde* sou verstaan kon word as 'n vorm van identiteit wat sekuriteit soek in 'n vaste en finale status, wat presies die teenoorgestelde van fragment is.[2]

Volgens Henning Luther word die idee van fragment die beste uitgedruk in die sleutelwoord *genade*, aangesien laasgenoemde die insig impliseer dat ons (nog nie) heel is nie, maar voortdurend heel gemáák word deur 'n Ander.[3] Ons is wel fragmente, maar nie bloot losliggende en betekenislose brokkies en stukkies nie. Ons word eerder voortdurend ingevoeg in die groter prentjie van vervulling, omdat ons deel is van die kosmiese legkaart. Hierdie proses van voortdurende invoeging noem ek: genade op genade.

Die kruis van Christus verteenwoordig volgens Henning Luther fragmentasie by uitstek. Jesus was nie, in hierdie sin, 'n ideale en "heel" menslike wese nie. Hy was gebroke,

---

1   Ibid., 170. Sien ook die bespreking in die Slotsom.
2   Ibid., 172.
3   Ibid., 173.

deurboor, gekruisig, en gefragmenteer. Hierdie fragmentasie word ook nie opgehef deur die *opstanding* nie; die opstanding is nie die uitskakeling van die kruis nie, eerder die waarmaking daarvan.[4] Die opstanding verdiep en radikaliseer die realiteit van die kruis. Maar dit bied ook die hoop dat die fragmente van ons bestaan saamgebind word tot 'n nuwe geheel.[5]

Gesien uit die perspektief van hoop is die fragmente wel werklik, maar nie verorden tot ewige onvolmaaktheid nie. Hulle funksioneer eerder as aanwysers van, en voorlopers tot, die vervulling en heelmaking van alle dinge.[6] Hierdie verstaan van fragmentasie bied hoop, maar kan ook gevoelens van onrus skep, van die wete dat ons nog nie by ons eindbestemming aangekom het nie. In fragmente word klag en verlange saamgebind; is volheid as nog-nie-daar-nie teenwoordig as alreeds-daar. Kortom, fragmente verteenwoordig gebrokenheid, maar roep en verlang as sodanig na heelheid en heelwording – en skep so hoop.[7]

Ek herhaal: Daar is niks verkeerd met nie-weet nie. Daar is iets soos 'n *gesonde onsekerheid*, net so seker (!) as wat daar iets is soos 'n *ongesonde onsekerheid*. Maar daar is ook iets soos 'n *gesonde sekerheid* en 'n *ongesonde sekerheid*. Kom ons begin by laasgenoemde, die ongesonde sekerheid.

Dit strek al so ver terug soos die mensdom self – veral as dit kom by uitsprake oor die doen en late van God. In sommige gevalle neem die sindroom van ongesonde sekerheid selfs ekstreme vorme aan. Gedurende die Swart Pes, wat, volgens

---

4   Ibid., 173.

5   Manfred Josuttis voeg hieraan toe: Wanneer die Gees van Christus in ons leef, word ons deel van die geskiedenis van Christus, en neem ons gefragmenteerde bestaan deel aan die opstanding van Christus. Manfred Josuttis, 1998, *Identität und Konversion*, 117118, 126. Sien ook Hoofstuk 2 vir 'n verdere bespreking van hierdie "deelname aan Christus".

6   Luther, *Religion und Alltag*, 175. Sien ook die bespreking verderaan.

7   Hierdie uitgangspunte resoneer met Martin Luther se verstaan van 'n "teologie van die Kruis" (*theologia crucis*). Sien Martin Luther, 1883, 1518, *Disputatio Heidelbergae habita*, 354.

berekeninge, soveel as 60% van Europa se bevolking tydens die Middeleeue uitgewis het, was sekere mense byvoorbeeld vinnig om die blaam (met volle sekerheid) op "ander" te plaas – natuurlik nie op hulleself nie. Hierdie projeksie van blaam het daartoe gelei dat die samelewing "gesuiwer" moes word van sogenaamde ketters en ander ongewenste groepe. So is duisende Jode tussen 1348 en 1349 brutaal vermoor, terwyl baie ander na die yler bevolkte oos-Europa gevlug het om aan die moordbendes in die stede te ontkom. Trouens, hierdie pandemie, veroorsaak deur 'n bakterium (*Yersinia pestis*) het 'n handige stuk gereedskap geword nie net om ander te blameer nie, maar ook om (met volle sekerheid, weereens) God se gramskap te aktiveer. Die pes het diegene getref wat gesondig het, en nou deur God gestraf (moes) word – dit was tot 'n groot mate die boodskap van ten minste sekere groeperinge, ook binne die Christendom van daardie tyd. 'n Primitiewe stuk gereedskap inderdaad, wat geen oog gehad het vir God se medelye met mense nie.[8]

Van pes gepraat, ook ons eie tyd het sy verpesting met God se oordeel nie vrygespring nie. Tydens 'n vroegoggend radio-uitsending in 2021 het 'n sogenaamde teoloog prontuit (en met volle sekerheid, natuurlik) verklaar dat die rede vir die Koronavirus se ontstaan tog duidelik geplaas moet word op die

---

8   Almal het egter nie hierdie sentimente gedeel nie. Die toonaard van iemand soos Martin Luther, die Hervormer, was byvoorbeeld opvallend anders. Ook in hierdie verband blyk sy teologiese volwassenheid sy tyd ver vooruit: "Ek sal God vra om ons uit genade te beskerm. Dan sal ek beroking doen, die lug help suiwer, medisyne toedien, en dit ook neem. Ek sal plekke en mense vermy waar my teenwoordigheid nie nodig is nie, sodat ek nie besmet word en op hierdie manier dalk ander aansteek en so hulle dood as gevolg van my nalatigheid veroorsaak nie. As God my wil neem, sal God my vir seker vind, en ek het gedoen wat God van my verwag het. Ek sal nie verantwoordelik wees vir my eie dood of die dood van ander nie. As my naaste my egter nodig het, sal ek geen plek of mens vermy nie, maar vrylik daarheen gaan... So lyk 'n Godvresende geloof, omdat dit nóg voorbarig nóg dwaas is, en God nie versoek nie.' Martin Luther, 2016, *Pastoral Writings*, 43. Vertaal deur Johan Cilliers.

skouers van die Chinese, maar nie net omdat die virus volgens alle aanduidings sy geografiese ontstaan daar gehad het nie, maar gewoon omdat hulle teologiese skuld dra – hulle is nie Christene nie.[9] Hoe die kloutjie (oorsaak) hier by die oortjie (gevolg) gebring moet word, is nie duidelik nie. Die dood van duisende mense wêreldwyd die gevolg van hierdie mense se sonde (van ongeloof), en God se gevolglike gramskap? So 'n dood-sekere, en vir seker, dodelike konneksie tussen God se straf en mense se sonde?[10]

Die verskynsel van ongesonde sekerheid is egter nie altyd só brutaal nie. Trouens, dis meestal subtiel, bedek onder ortodoks-klinkende taal. Dit skuil dikwels agter, en binne, godsdienstige grammatika. Daar is min plekke waar 'n mens soveel voorbeelde van hierdie soort ongesonde sekerheid vind as – hartseer genoeg – op kansels. Dikwels "weet" predikers te veel – oor mense, maar veral oor God. Dikwels handel en praat hulle asof hulle mense ten volle ken, en asof hulle volle kennis opgedoen het – ook omtrent God. Dikwels is hulle só seker wie God is, só seker waar en hoe God handel, en selfs waar en hoe God, volgens hulle, behóórt te handel. Hulle praat so asof hulle 'n greep op God gekry het. Hulle bid so asof hulle opdragte aan God wil deurstuur.

Neem byvoorbeeld die volgende gebed- tydens 'n erediens, waarin die prediker sy absolute sekerheid oor mense se gedagtes en God se handelinge as volg verwoord:[11]

Maar terwyl ek die Woord bedien was daar mense wat gesê het ek hunker daarna. Dankie Here, dat U deur die Heilige Gees reeds verandering bewerkstellig het, dat die mense reeds in hulle denke vernuwe het. Maar baie dankie dat U nou ook op 'n bonatuurlike wyse hulle gemoedstoestand

---

9   Die eerste Covid-19-infeksie is in China gedurende Desember 2019 gerapporteer, en die eerste in Suid-Afrika op 5 Maart 2020.

10   Sien ook my bespreking van die Covid-19-pandemie in Hoofstuk 2.

11   Vgl. Johan Cilliers, 2004, *The Living Voice of the Gospel: Revisiting the basic principles of Preaching*, 230v.

*verander en dat hulle besef God het hulle nuut gemaak...
Dankie Here, dat U ook hulle wat in krisis is in hierdie môre
bedien het. Dankie dat U hulle wat in nood is vanmôre
gehelp het, alhoewel hulle omstandigheid nog dieselfde
is, is hulle gemoedstoestand anders, omdat U hulle denke
vernuwe het.*

Dit klink alles so reg, nie waar nie? Die oppervlakstruktuur van
die taal bevat immers die Naam "Here" en "Heilige Gees" — en
die woord "dankie" kom vier maal voor. 'n Mens sou sekerlik
kon aanvaar dat dit alles dinge is wat die prediker graag
sou wou sien gebeur, só graag dat hy selfs 'n tipe profetiese
verledetydsvorm daarvoor gebruik — hy praat so asof sekere
dinge alreeds gebeur "het" (laasgenoemde werkwoord
kom ses maal voor; twee keer versterk met "reeds"). En,
veelseggend genoeg, in die middel 'n sin in die teenswoordige
tyd: "nou ook".

Kyk egter mooi — daar is 'n dieptestruktuur wat die
oppervlakstruktuur weerspreek, 'n dieptestruktuur wat
inderdaad wentel om hierdie gebruik van werkwoord-
tydsvorme. Dis 'n vraag of dit alles in werklikheid so ís of so
gebeur "hét" soos die prediker dit uitspreek, en of dit nie
eerder 'n tipe religieuse manipulasie verteenwoordig nie. Let
op wie in werklikheid, of ten minste taalkundig gesproke, die
aanleidende agent in al hierdie "bonatuurlike" gebeurlikhede
is — "ek", wat die Woord bedien.[12] Hierdie prediker weet dat
die Heilige Gees "reeds" gewerk het; dat die Here ook "nou"
werk. Die tydsvorme van God se handelinge (verlede en hede),
en so ook God se "bediening", word vasgeskryf — vasgepreek
— in die prediker se "bediening". Wil die prediker daarmee sê
dat God eintlik so behoort op te tree? Indien wel, skryf en preek
hy daarmee sommer ook die toekoms van God se optrede vas...

Ons sou kon vra: Hoe weet die prediker dit alles? Het hy
insigte in die gedagtes van God wat ander, minder ingeligte
mense nie het nie? In die geheimenis van mense se "denke"
en "gemoedstoestande"? Wil die prediker hiermee, op 'n

---

12   Vir 'n verdere bespreking van "natuurlik" en "bonatuurlik",
      sien Hoofstuk 2.

bewuste of onbewuste wyse (bonatuurlike) legitimiteit op sy bediening projekteer?

Let op: Die heuristiese beginsel vir alles wat (moet) gebeur, is die prediker, oftewel "ek". Alles gebeur "... terwyl ek die Woord bedien..." Verlede, hede, en toekoms – alles word saamgebundel in hierdie "terwyl". Dis opvallend, maar nie toevallig nie, dat die prediker juis hier die teenswoordige tyd gebruik – "bedien". Alles wat volg, vind plaas binne hierdie (voortdurende) "nou" van die prediker se "bediening". "Ek" kondig hierdie teenswoordige tyd aan, "ek" konstitueer hierdie "nou", wat al die ander tydsaankondiginge bepaal.[13]

Dis merkwaardig hoe dik die stroom van die "ek" in baie preke loop. Soms bestaan die preek letterlik net uit 'n tweegesprek, of eerder: 'n monoloog, tussen die "ek" van die prediker en die gemeente (wat op 'n afstand bly), sonder dat dit ooit 'n tweegesprek tussen God en die gemeente word. Baie kan inderdaad afgelei word uit die wyse waarop predikers die woordjies "ons", "ek", "jy", "julle", "hulle", ens. gebruik, en veral die verbande wat daar tussen dié begrippe veronderstel of gelê word. Uiteraard moet predikers hierdie terme gebruik – dis immers 'n mens wat met mense praat. Dit kán mos nie anders nie. Dit sou egter nie oordrewe wees om te sê dat predikers dikwels in hulle persoon, met hulle insigte, ervaringe, geloof, ens. dié ontsluitingspunt van die preek word nie, dat alle verkondigingslyne in 'n hermeneutiek van die "ek" saamgebundel én ontknoop word.[14] In werklikheid, of ten minste grammatikaal gesproke, word daar in die hermeneutiek van hierdie "ek" geen ruimte gelaat vir die werking van die genade nie, word die evangelie buite werking gestel. "Ek" neem die plek daarvan in.

Dít is wat ek 'n *ongesonde sekerheid* sou wou noem. En die voorbeelde hiervan kan vermenigvuldig word. Dikwels word uitsprake oor God se doen en late met 'n subtiele, maar

---

13   Sien in Hoofstuk 2 die verdere bespreking van die betekenis van die hede, van "nou" – wat deur God aangekondig en gekonstitueer word.

14   Sien my bespreking van hermeneutiek in die Slotsom.

soms ook met 'n absolute en brutale sekerheid gemaak, en nog meer verstommend, dikwels word dit deur so baie as absolute waarheid gehoor en aanvaar. Dikwels ken predikers nie net gedeeltelik nie, maar ten volle...

Ek het gedink aan Richard Kearny, wat eenmaal gesê het dat geloof – let wel, gelóóf – beteken om te weet dat jy niks absoluut weet oor die absolute nie.[15] Of Martin Luther: Geloof is niks anders nie as *getrooste twyfel*...

So is dit. Geloof is die soeke na Sin tussen twyfel en troos; dis om, in die proses van hierdie soeke, telkens in jou twyfel getroos te word. En, wie só deur Sin in sy en haar twyfel getroos word, sê "ek" anders...

Daar ís natuurlik ook iets soos 'n *ongesonde onsekerheid*, soos ek reeds vroeër gesê het. 'n Mens kan helaas ook jou onsekerheid tot 'n negatiewe psigopatie, of 'n bejammerenswaardige lewenstyl verhef. Jy kan só 'n jammerlike figuur begin slaan, dat jy strykdeur net sug en kla oor die onvolkomenheid van alles, en die pynlike beperkinge van ons insigte. Dit is nie wat ek hier in gedagte het nie.

Wanneer Paulus byvoorbeeld verklaar: *Hiervan is ek oortuig...*,[16] hink hy nie op twee gedagtes nie. Hy huiwer nie, is nie onseker oor wat hy sê nie. Inteendeel, hy verwoord, en verteenwoordig, wat 'n *gesonde sekerheid* genoem sou kon word. Hy is seker, vir seker. Maar hierdie gesonde sekerheid lei nie by hom tot teologiese grootheidswaan of beterweterigheid of een of ander vorm van vrome arrogansie nie. Dit bly egter sekerheid, ek sou selfs wou sê – hoe teenstrydig dit ook al mag klink in die lig van wat ek sover gesê het – *absolute* sekerheid. Draai ek daarmee alles wat ek oor "ongesonde sekerheid" kwytgeraak het, op sy kop?

Nee.

Dit laat my dink aan die skrywer Josef Pieper wat êrens vertel van 'n ervaring wat hy met sy vriend Peter Wust, ook 'n

---

15   "...knowing you don't know anything absolutely about absolutes." Kearney, 2004, *Facing God*, 6.

16   Romeine 8:38.

skrywer, opgedoen het.[17] Dit was tydens die oorlogstyd, aan die begin van Maart 1940. Wust was in die hospitaal, trouens, dit sou die laaste week van sy lewe wees. Hy was bedlêend en kon vanweë sy siekte nie meer praat nie.

Vroeg een oggend het die lugaanval-alarm afgegaan. Die skel klank daarvan het deur murg en been gesny. 'n Mens het, selfs al het jy dit baie kere gehoor, die koue rillings langs jou ruggraat voel afglip. Dit het immers beteken vyandelike vliegtuie is op pad. Binnekort gaan hulle tonne en tonne bomme op die stad afwerp, gaan dit soos doodsdruppels op die dakke van die huise en hospitale, skole en kerke neerreën. Soek skuiling! Kruip weg!

Josef Pieper was aan diens by 'n militêre instansie en was van die eerstes wat gehoor het dat dit 'n vals alarm was. Daar was nie 'n enkele vyandelike vliegtuig in sig nie. Hy het gedink aan sy vriend in die redelik afgeleë hospitaal wat op daardie stadium tog sekerlik vol angs, hulpeloos op sy bed moes lê en wag het op dié oomblik wanneer 'n bom ook deur die dak bokant sy kop sou bars en hom en alles om hom heen aan flarde sou blaas. Hy het hom na die hospitaal gehaas onder die indruk dat hy darem dié keer die draer van goeie en vertroostende nuus sou wees, die bringer van 'n blye boodskap. Sy ontmoeting met sy vriend beskryf hy as volg:

> *Ek het die sieke rustig aangetref, opgeruimd. Dit was vir my dadelik duidelik dat hy my boodskap nie besonder nodig gehad het nie. Half onbeholpe het ek hom meegedeel wat die rede vir my besoek op hierdie ongewone uur was. Daarop maak hy met sy hand 'n vrolike, ontkennende gebaar, op sy verwronge gesig verskyn iets soos 'n glimlag. Hy het sy notaboekie opgetel en sy antwoord neergeskryf. Beskaamd, maar ook vol verwondering, soos iemand wat vir die eerste keer hierdie mens voor my werklik raakgesien het, het ek die woorde gelees: Ek bevind my in absolute sekerheid.[18]*

---

17   Wat volg is 'n ekserp uit Johan Cilliers, *In die Greep van God* (Vereeniging: CUM, 1999), 15-18.

18   Soos vertaal en aangehaal in Johan Cilliers, *In die Greep van God*, 15.

Absolute sekerheid? Regtig? Nou, waarvan kán 'n mens dan seker wees, *absoluut* seker wees? Dis 'n vraag wat ons seker (!) met reg hier in ons nadenke oor gesonde en ongesonde sekerheid sou kon vra...

Mag ek maar mý antwoord hierop (probeer) gee, op voetspoor van Paulus? Hier selfs in die modus van 'n belydenis, binne die ruimte van my denkraamwerk?[19] Kom ons begin met die vraag: Waarvan kan ons, nóú, seker wees? Ons gesondheid? Maar, ons weet tog: vandag blakend gesond, môre dodelik siek. Jou welvaart, eiendomme en aandele, jou pensioenbeplanning en ekonomiese vooruitsigte? 'n Mens hoef net die koerant te lees dan sien jy hoe dit skommel soos dryfhout op 'n stormsee. Jou menseverhoudinge? Het die ervaring ons nie geleer dat ook die innigste liefde sommer gou kan omslaan in hartseer en bitterheid, selfs haat en wraak nie? Jou lewe? Nee, so ontstellend as wat dit mag klink: Jy is dalk die een wat môre die koue loop van die pistool teen jou kop sal voel, wie se lyk later soos 'n stukkende pop op 'n ashoop weggegooi sal word...

Kom ons neem hierdie gees van onsekerheid vir 'n oomblik nog dieper, die donker put binne. Ons is maar hier vir 'n oomblik. Alles is vlietend, so vlietend. Wat het ons wat nie aan ons gegee is nie, en waaraan kan ons vashou as ons nie meer hier is nie? As ons oomblik verby is, is dit − oënskynlik − verby. Stof is jy, en tot stof sal jy terugkeer. Die aantal jare wat ons geleef het; die aantal ervarings wat ons gehad het − goed of sleg − wat beteken dit tog? Wat is, of was, die sin van dit alles? Wat bly oor as ons weg is? Bloot 'n herinnering? 'n Bietjie as? 'n Inskripsie op 'n grafsteen? Is daar iets waaraan ons tydens ons moment van lewe kan vashou wat seker is? Wat ons kan deurdra na êrens, iewers, wanneer ons die laaste asem uitblaas en weer stof word? Ja, waarvan is ons seker? Waarvan is ek seker? Waarvan is jý seker?

Kortom, wanneer die sirenes oor óns koppe begin loei, koes jy vergeefs, soek jy vergeefs na skuiling, is daar nie 'n bunker diep genoeg om te verhinder dat die onsekerhede van

---

19 Soos vermeld in die Inleiding.

die lewe ook dáár binnedring en alles aan flarde blaas nie. Sekerheid? Nee wat, van niks is ons seker nie. *Absoluut* niks.

Kan ek dit ook maar op 'n ligter noot sê? Verbeel jou die volgende:

Daar verskyn 'n advertensie op die televisie wat jou twee keer laat dink — of meer. Dit speel hom af in die jaar 3999, en argeoloë is besig met opgrawings in 'n antieke stad genaamd *New York*. Skielik kom hulle op 'n vreemde, metaalagtige voorwerp af. Agterop staan 'n simbool geskrywe — dalk 'n universele kode, gelaat deur ruimtereisigers van lank, lank gelede? — 'n V wat bo-op 'n W geplaas is. Wat sou dit beteken? Een van die manne klim in die voorwerp in en lees êrens die naam VOLKSWAGEN. Hy sien 'n sleutel wat nog in die aansitter steek, presies soos sy eienaar dit 'n millennium of twee gelede gelaat het. Die man draai die sleutel, en siedaar, die enjin spring aan die lewe! Die advertensie eindig met die argeoloë wat bewonderend die kop staan en skud rondom dié kanniedood kewer. Hulle luister na die egalige geluier van dié tydlose stuk tegnologie onder die enjinkap. Ná soveel duisende jare sowaar nog ongeskonde, onuitwisbaar, onuitblusbaar!

Dié advertensie kan 'n mens laat lag, want jy weet — met respek aan alle Volkswagen-eienaars (ek was self ook een) — dat die teenoorgestelde eintlik waar is. Selfs kanniedood kewers kan nie die knyptang van die tyd keer of oorleef nie.[20] Níks kan met sekerheid gewaarborg word nie...

Juis daarom val Paulus se uitsprake oor sekerheid so vreemd op ons ore wanneer hy verklaar: *Hiervan is ek oortuig...*[21] Dis 'n baie sterk woord wat hy hier gebruik, hierdie *oortuig*. Trouens, Paulus gaan haal die sterkste woord wat hy in die Griekse taal kón vind om iets te sê soos: Dit staan vas, sonder 'n greintjie onsekerheid, gegrond op 'n beproefde waarheid wat alle twyfel oorwin. Dis 'n soort somtotaal, 'n samevatting, trouens 'n hoogtepunt van alles wat hy in die Romeinebrief oor die evangelie geskryf het. Hierby staan of val *alles*.

---

20   Soos vertel in Johan Cilliers, *Het God 'n Handvatsel?*, 167.
21   Romeine 8:38.

Waarvan is hy so oortuig, so absoluut seker? Dít, in 'n enkele sin saamgevat – *Niks kan ons van die liefde van God skei nie.*[22] Paulus se taal word universeel, allesomvattend. Hy gebruik wat teologies-tegnies bekend staan as *apokaliptiese* begrippe, dit wil sê dinge wat kenmerkend is van die eindtyd: *Lyding... benoudheid... vervolging... honger... naaktheid... gevaar... swaard.*[23] Sou die katastrofes van die eindtyd die liefde van God selfs 'n millimeter van ons af kom wegskuif? Volgens Paulus: Nee!

Maar daar hou hy nie op nie. Hy stapel nie minder nie as tien magte die een na die ander op – *dood... lewe... engele... bose magte... teenswoordige dinge... toekomstige dinge... kragte... hoogte... diepte,* en dan, asof sy asem opraak: *of enigiets anders in die skepping.*[24] En vra: Sou iets hiervan die liefde van God vir ons selfs 'n jota of 'n tittel kon verander? Na Paulus se mening: Sekerlik nie!

Ons kan seker maar by hierdie *"enigiets anders"* invul wat ons wil? Aangaan daar waar Paulus se asem opraak? Al weet ons dat ons van die onsekerhede van die lewe seker kan wees, kan ons tog, as dit dan soos bomme op ons móét neerreën, die volgende vir onsself oor en oor sê, as 'n refrein van versekering:

Niks. Niks. Niks is groot of sterk genoeg om my van die liefde van God te skei nie. Hiervan is ek oortuig – ek bevind my in *absolute* sekerheid.

Let wel: Hierdie sekerheid het te make met my gemoedstoestand, maar oorskry dit ook verreweg. Dis baie meer as net 'n geborge gevoel of 'n goeie bui. Dit hang nie af van die gelykmatigheid van my hartklop nie. Hierdie sekerheid is daarom nie iets wat ek *het*, in dié sin dat dit nou 'n wesenlike kenmerk van my menslike natuur word nie. Dis eerder iets wat telkens aan my *geskenk* moet word, elke oggend nuut en vars as gawe uit God se hand. Dis iets waarvan ek telkens oortuig

---

22   Vgl. Romeine 8:35, 38.
23   Romeine 8:35.
24   Romeine 8:38.

moet wórd, waarin ek my elke keer weer nuut mag bevínd, omdat God my daarin pláás...

Mag ek dit nou maar in die modus van my belydenis sê? My sekerheid lê in die geboorte, lewe, lyding, kruisdood, opstanding en verheerliking van Jesus.[25] My sekerheid is geanker in die onverganklike liefde van God, in Hom wat nooit vergaan nie, wat ewig is, in die nie-wispelturige, bestendige, duursame, betroubare, onwankelbare wese van God, is geanker in *God self* – van Wie daar geskryf staan: "U is van altyd af daar".[26]

Ek is nie van altyd af daar nie, en sal ook nie altyd daar wees nie.

Van *absoluut niks* in my lewe is ek seker nie.

Absoluut niks kan my van die liefde van God skei nie.

Niks beteken tog... niks.

My sekerheid het alles met niks te make.

Absoluut.

Goed. Maar wat nou van *gesonde onsekerheid*, met ander woorde van *nie weet nie*, waaroor hierdie hoofstuk eintlik handel?

Ek dink ek moet hier die hulp van 'n aantal kunstenaars inroep – elkeen skeppers van sin in hulle eie reg. Die eerste een is my dogter.[27]

Toe ek ongeveer 46 jaar oud was, op die kruin van my sogenaamde "loopbaan as prediker", was my dogter 10 jaar oud, en moes sy heelwat van my preke aanhoor. Wel, sy het eenmaal haar interpretasie van hierdie gebeure met 'n paar

---

25   Of in die woorde van Paulus: *God het sy eie Seun nie gespaar nie, maar Hom oorgelewer om ons almal te red... Christus Jesus het gesterf, maar meer as dit: Hy is uit die dood opgewek, Hy sit aan die regterhand van God, Hy pleit vir ons.* Romeine 8:32, 34.

26   Psalm 93:2.

27   Uiteraard is sy baie slim, met 'n doktorsgraad in neuroanatomie, op die ouderdom van 28 verwerf. Genoeg gesê. Dis natuurlik haar pa wat so (mag) praat...

krytstrepe vasgelê. Terugskouend is dit 'n merkwaardige uitbeelding – alhoewel so 'n bietjie pynlik vir my teologiese en preek- ego's:

Illustrasie 4: zzzzzzzzzz... (2002)
Karen Cilliers

Ja, die man agter die kansel is inderdaad ek, haar pa. Daar is, behalwe vir die onsigbare en onhoorbare woorde uit die mond van die prediker, 'n hele aantal interessante frases wat rondvlieg:

- *boring* (drie keer, in oranje);
- *dit is boring* (twee keer, in groen);
- *slaap* (drie keer, in bruin);
- *slaapkous* (twee keer, in pers);
- *wortwakker* (een keer, in rooi, met die enigste spelfout in die voorstelling; moet wees: "word wakker"). Interessant genoeg word hierdie oproep gerig aan die leë, deurskynende koppe van die gemeente, voor. En, natuurlik die klanke: lala (twee keer, in ligte groen; herinner dit aan blabla, of 'n slaapliedjie?). Dit alles word onderstreep deur die insluimering: zzzzzzzzzzz...

Let op: Die kansel is pikswart (simbolies van iets?). Let op: waarskynlik die mees veelseggende van alles – die uitdrukking op die gesig van die prediker. Verward? Verwonderd? Onseker? Al die bogenoemde? Bokant sy kop sweef drie tekens. 'n Flitsende gloeilamp – aanduiding van ten minste 'n bietjie insig? 'n Vraagteken – onderstreping van die onsekerheid van die man agter die kansel? 'n Uitroepteken, maar onderstebo – het die kunstenaar aangevoel dat die inspirasie en verwondering van die prediker nie is soos dit kan of moet wees nie, eerder (letterlik) onderstebo? Of het sy eenvoudig maar net hier die kunswerk omgedraai, en dus die gedoente vanuit 'n omgekeerde perspektief beskou?

Misterie: Daar is 'n opvallende, oranje voorwerp aan die regterkant – 'n aanduiding van wat? 'n Hand en vinger wat na bo wys? 'n Wolmus vir die slaapkous? Selfs my dogter kon dit 20 jaar later nie verduidelik nie.

Wat ek wel sou wou waag om te sê – ek is immers die man agter die kansel – is dat daardie man homself waarskynlik iewers tussen gesonde sekerheid en gesonde onsekerheid bevind het. Altans, ek hoop so.

So, wat het ek by hierdie kunstenaar oor gesonde onsekerheid geleer? *Eerste les*: Ek moet myself tog nie so ernstig opneem nie. Ek kan, en hoef ook nie, alles te weet nie. Dis nie 'n maklike les nie. Ek moet dit maar oor en oor leer.

Ons ken, gedeeltelik, inderdaad. En Paulus voeg daarby: Ons verkondig ook God se wil, gedeeltelik.[28] Dit is hoe dit is, vir nou. Dit herinner mens aan die klassieke lirieke geskryf deur Earl Wilson (Jnr.) in die laat sestigerjare. The titel sê alles: *How small we are, how little we know.*[29] Die woorde bly waar, vyftig jaar later:

> *We laugh, we cry,*
> *We live, we die,*
> *and when we're gone, the world goes on.*
> *We love, we hate, we learn too late,*
> *How small we are, how little we know.*
>
> *We hear, we touch, we talk too much,*
> *of things we have no knowledge of.*
> *We see, we feel,*
> *yet can't conceal,*
> *How small we are, how little we know.*
>
> *See how the time moves swiftly by,*
> *We don't know how, we don't know why.*
>
> *We reach so high, and fall so low,*
> *The more we learn, the less we know.*
>
> *Too soon the time to go will come,*
> *Too late the will to carry on,*
> *And so we leave too much undone,*
> *How small we are, how little we know.*

Ja, ons ken gedeeltelik, maar let op – Paulus sê ook nie dat ons *niks* weet nie. Ons ken gedeeltelik, wat beteken dat ons wel *iets* weet. Ons kán sommige stukke van die legkaart ingepas kry, en ons kán sommige van die fragmente wat rondlê optel en her-rangskik. Trouens, hierdie proses van her-rangskikking

---

28   1 Korintiërs 13: 9.

29   Hierdie lied is oorspronklik gepubliseer deur Glamorous Music, Inc. en die verkoopsagent was Cimino Publications Incorporated, 436 Maple Ave., Westbury, L.I., N.Y.

kan uiters sinvol wees, en nuwe perspektiewe op die soeke na sin open.

Dis hier waar ek ons tweede kunstenaar moet inroep, maar voor ek dit doen, eers iets oor die soort kuns wat hy beoefen. Die versameling en her-rangskikking van fragmente om nuwe sin te skep is 'n kunsvorm wat 'n kreatiewe modus vra, 'n lewenswyse (*habitus*) van *bricolage.* Hierdie konsep kom oorspronklik uit die wêreld van estetika, maar word ook gebruik in 'n verskeidenheid van ander vakrigtings, byvoorbeeld literatuur (waar dit dui op die hermeneutiek van intertekstualiteit), kritiese teorie, antropologie, filosofie, opvoedkunde, die besigheidswêreld, rekenaarsagteware, en sosiale media.

Die term *bricolage* word ontleen aan die Franse taal, en het oorspronklik iets beteken soos "doen-dit-self", met inbegrip van konsepte soos improvisasie – om gebruik te maak van wat beskikbaar is. In kuns dui dit op werke wat geskep word deur gebruik te maak van 'n verskeidenheid van beskikbare middele, soms ook "gemengde media" genoem.

Die Franse werkwoord *bricoler* dui in werklikheid op die vreugde wat daarin opgesluit lê "om rond te peuter", dit wil sê om te speel met moontlikhede, terwyl jy voortdurend vra: Wat sal gebeur as...? Hier beteken "peuter" inderdaad om soos 'n kind te speel, om peuterpret te ervaar.[30]

Om 'n *bricoleur* te wees, impliseer dat 'n mens 'n fyn waarnemer moet wees, oop vir dit wat ophande is, en om hierdie objekte of idees te rekonstrueer, te her-rangskik – 'n handeling wat dikwels verrassende nuwe betekenisse, funksies, en perspektiewe tot gevolg het. Die deurslaggewende punt is hier dat die kunstenaar nie vooraf (moet) weet wat die uitkoms van die proses gaan wees nie, ten minste nie in besonderhede nie. Daar is 'n openheid, 'n houding van afwagting en verwagting, 'n omhelsing van die ervaring om in die geheimenis ingelei te word. Veral hier is nie-weet-nie

---

30   Moet ons in elk geval nie eers soos die kinders word voordat ons die Koninkryk van God kan binnegaan nie? Markus 10:14-16.

goed, selfs noodsaaklik. Om hier (vooraf) te weet kan trouens negatief inwerk, of ten minste bydra tot 'n uiters vervelige produk, en 'n oppervlakkige herhaling van wat reeds bekend is. Hier is die proses net so belangrik soos die produk, indien nie belangriker nie.

Daar is 'n verskeidenheid van kunsvorme wat met *bricolage* verbind sou kon word. Kom ons speel (peuter!) 'n bietjie rond in die oeuvre van een eksponent van *bricolage*-kuns – ons tweede kunstenaar – Marcel Duchamp. Sy beroemdste (of: mees berugte) werk dra die titel *Fountain* (1917), en is waarskynlik die eerste waaraan 'n mens dink.[31] Duchamp was die eerste kunstenaar wat die konsepte van *klaargefabriseerde* ("ready-made") en *objekvondse* ("found objects") aan die kunswêreld voorgestel het, en het daardeur die tradisionele uitgangspunte en voorveronderstelde idees van wat kuns is of moet wees, op 'n kenmerkend Dadaïstiese wyse uitgedaag.[32]

Die idee van "klaargefabriseerde" objekte onderstreep die gedagte dat niks "werklik" in sigself is nie, en dat alles op sy beste beskryf sou kon word as *adiaforon* (iets sonder enige waarde as sodanig, totdat dit geëvalueer word, weliswaar altyd binne die evalueerder se psigologiese, kulturele en sosiale raamwerk, en daarom gebonde daaraan). Dit is wat Dadaïsme onder andere wou bereik: om die kunswêreld met sy vaste idees omtrent die (uitbeelding van die) realiteit uit te daag. Dadaïsme protesteer teen die snobisme en tradisionalisme van die kuns-elite, en waarsku teen 'n narkotiese afstomping in

---

31   Die werk bestaan bloot uit 'n porselein-urinaal wat uit sy gebruiklike konteks gehaal en na 'n nuwe, ongewone een, naamlik 'n kunsgalery, verplaas is. Duchamp, onder die skuilnaam "R. Mutt", het *Fountain* as 'n soort grap, maar ook as kritiek op van die basiese konvensies van (avant-garde-) kuns ingeskryf. Die organiseerders van die uitstalling was woedend: Was die kunstenaar besig om moderne kuns aan 'n toilet gelyk te stel? *Fountain* is haastig uit die uitstalling verwyder en het daarna geheimsinnig "verdwyn". Dit was eenvoudig te skandalig vir die kunswêreld van daardie tyd. Sien my bespreking in Johan Cilliers, *Dancing with Deity*, 216v.

32   Kristina Seekamp, 2005. Unmaking the Museum: Marcel Duchamp's Readymades in Context: Bicycle Wheel.

estetika. As sodanig verteenwoordig dit 'n tipe *anti-kuns*, ter wille van kuns.

Duchamp het besluit om nie meer verf te gebruik om kuns te skep nie, maar eerder om "klaargefabriseerde" objekte uit te soek – dikwels massa-geproduseerde, gekommersialiseerde, en gebruiksobjekte – en hulle dan in sulke nuwe, en dikwels vreemde kontekste en perspektiewe te plaas dat hulle op een of ander manier nuwe betekenisse na vore -roep-. Hierdie benadering was 'n duidelike afskeidneem van die antieke gedagte dat "kuns" slegs geskep sou kon word deur 'n hoogs gekwalifiseerde kunstenaar wat "oorspronklike" kunswerke moet skep. Inteendeel, hy het geglo dat "gewone" objekte in hulleself die waardigheid van 'n kunswerk omdra, bloot deur die keuse wat die kunstenaar daarvoor maak.[33] En, van groot belang: Hier is "waardigheid" nie as sinoniem vir "skoonheid" gesien nie, in elk geval nie in terme van die tradisionele, geromantiseerde idee van "skoonheid" nie.[34]

Die eerste "klaargefabriseerde" kunswerk wat Duchamp geskep het, was getiteld: *Bicycle Wheel (Fietswiel). Die proses om dit te maak, was skynbaar eenvoudig – Duchamp het gewoon die "gelukkige idee" gehad om 'n fietswiel aan 'n kombuisstoel vas te maak, en te kyk hoe dit draai.*[35] Die voorstelling hieronder is die derde weergawe van *Bicycle Wheel*. Die eerste weergawe

---

33   Ibid.

34   Baie mense sien "skoonheid" deur 'n bril van sentimentalisme en romantisisme. Vir hulle is skoonheid sinoniem met objekte en ervarings wat edel en aangenaam is. Skoonheid is dan "the pretty, the merely decorative, or the inoffensively pleasant", en die bedoeling daarvan niks meer nie as om 'n aangename gevoel oor mooi sonsondergange en kunstige blommerangskikkings na vore te roep. Vgl. D.B. Hart, 2003, *The Beauty of the Infinite. The Aesthetics of Christian Truth*, 15. Sien ook Johan Cilliers, 2011, Fides Quaerens Pulchrum: Practical Theological Perspectives on the Desire for Beauty, 257-268.

35   "I had the happy idea to fasten a bicycle wheel to a kitchen stool and watch it turn." MoMA Learning. 2020. Bicycle Wheel: Marcel Duchamp.

bestaan nie meer nie, en was alreeds 40 jaar vroeër gemaak, in 1913.

Illustrasie 5: *Bicycle Wheel – Fietswiel* (1951; derde weergawe)
Marcel Duchamp
(Publieke Domein)

Toe *Bicycle Wheel* die eerste keer tentoongestel is, het Duchamp die kykers genooi om die wiel te laat draai, want vir hom was die beweging van die draaiende wiel baie kalmerend en troostend – hy het geniet om daarna te kyk, net soos wat hy dit geniet het om na vlamme te kyk wat in die vuurherd dans.[36]

---

36   "To see that wheel turning was very soothing, very comforting…I enjoyed looking at it, just as I enjoy looking at the flames dancing in a fireplace." The Museum

Wel, is dit kuns? Miskien is dít nie die vraag om te vra nie. Eerder: Skep dit nuwe betekenis? Skoonheid word geskep in die oë van die waarnemer. So ook betekenis – *betekenis word geskep in die oë van die waarnemer.* Die stoel funksioneer nou nie meer as 'n stoel nie, maar as fondasie vir 'n nuwe objek. Die fietswiel word nou gebruik op 'n ander, verrassende wyse – dit raak nie eers meer aan die grond nie. Trouens, dit is presies omgedraai, wys nou boontoe. As wat? Vlamme wat flikker in die vuurherd? 'n Oog na die toekoms toe? 'n Antenna na 'n ander wêreld? Of is dit eenvoudig... 'n ou, gebruikte fietswiel, vasgemaak bo-op 'n ou, gebruikte kombuisstoel?

Ons kan inderdaad rondpeuter hiermee, rondspeel met hierdie "betekenisse"...

Om te peuter, beteken om te *speel.*

Die idee van spel is natuurlik nie iets nuuts in die teologie nie – in die Skrif hoor ons al dat die wysheid soos 'n kind voor die Vader op die vooraand van die skepping gespeel het.[37] Uiteenlopende denkers soos Hieronymus, Origines, Gregorius van Nissa, Maximus en ander mistieke denkers verteenwoordig 'n teologie wat as teenstroom tot die offisiële (sterk dogma-geörienteerde; onto-teologiese) tradisie beskou sou kon word, en wat as dikwels miskende bewegings die mens as *homo ludens* wou herwin, 'n spelende mens wat mede-skeppend aan die Koninkryk werk, saam met die spelende God (*deus ludens*).[38]

Al spelende leer ons om die inkongruensies van die lewe te hanteer. Dan neem ons ook nie ons nie-weet-nie al te ernstig op nie. Ons is, soos ek al genoem het, waarskynlik gans te ernstig, te verbete op soek na die waarheid en die sin van ons bestaan. Dalk dui ons onvermoë om te speel op ons ongeloof in die werking van die Gees. Ons vertrou nie die Gees om nuwe, ongekende geheimenisse aan ons te openbaar nie.

---

of Modern Art. 2020. Art and artists. Marcel Duchamp: Bicycle Wheel.

37   Spreuke 8:30.

38   Sien my bespreking in Johan Cilliers, *The Living Voice of the Gospel*, Hoofstuk 2.

Ons is spelbrekers – teen die bedoeling van die spelende God in. Daarom is baie van ons preke en sinodale verklarings en teologiese konstruksies waarskynlik ook so vervelig. Om nie eers te praat van die boeke wat ons skryf nie...

Na my mening is Christene – en teoloë in besonder – *bricoleurs*, of behoort hulle te wees, eerder as veiligheidswagte wat al langs die grenslyne van kerklike dogma moet patrolleer; eerder peuters wat speel met perspektiewe, as teologiese pretbederwers. Ons moet eerder ou stoele en stukkende fietswiele op 'n vernuwende manier bymekaarbring, as om ewige dogmas en peutervrye belydenisse te probeer skep.

So, wat het ek by hierdie kuns en kunstenaar geleer? *Tweede les*: Daar is altyd sin wat gevind en geskep kan word – al lê die fragmente orals rondom my. Kyk maar net weer 'n keer na die lewe deur hierdie bril: "sin" is nie 'n teorie vir abstrakte filosofering nie, maar 'n lewenswyse van stoele (of wat ook al) omdraai. Dit gee nuwe betekenis aan die idee van herbesinning, dieper sin aan her-be-sin. Hierdie is 'n les vol hoop. Ek moet dit telkens, nuut, leer.

Dis juis daarom belangrik om te weet dat, om 'n *bricoleur* te wees, nie gelykstaande is aan oppervlakkige prettigheid of vlietende vrolikheid nie. Om te peuter, beteken nie noodwendig jubelende jolyt nie. Peuter is pret, maar nie net pret nie, nie altyd pure plesier nie. Inteendeel, peuter kan pynlik wees, kan deur trane heen plaasvind. Dikwels is die peuterspel van *bricolage* juis nodig in, en teen, die bitterheid van die lewe.

Dis net hier waar ek 'n derde kunstenaar nodig het om my te help om iets van die kuns van gesonde onsekerheid, oftewel hierdie peuterspel teen bitterheid beter te verstaan – my seun.[39]

Toe hy in graad 10 was, op die ouderdom van vyftien, moes hulle gedurende kunsklasse iets uit pottebakkersklei skep rondom die tema: *woorde, stilte, waarheid.* Sy weergawe

---

39   Uiteraard is my seun baie slim. Hy het 3 grade, in Antieke Kulture en Hedendaagse Bemarking. Genoeg gesê. Dis natuurlik 'n pa wat so (mag) praat...

was 'n kop-en-skouer beeld, wat tot vandag toe nog nie al sy geheime prysgegee het nie.[40]

Illustrasie 6: *Woorde, stilte, waarheid* (2005)
Jacques Cilliers

Die mond is gemuilband, skynbaar toegestik – maar dit glimlag nog, práát op 'n manier nog. Die oë is toegemaak, maar mens voel aan dat dit nog steeds vir, en deur jou, kyk. Die oogklappe is 'n kruis en 'n diamant, verwysend na wat? Die Kruis van die Christendom en die aas van Diamante in 'n pak speelkaarte? As dít die geval is, kyk hierdie figuur na jou, na die (sin van die) lewe deur die lens van die Gekruisigde, maar ook die skynbare lot van hoe die kaarte vir jou gedeel word; na die (lukrake) spel van ons bestaan.

Die karnavalagtige karakter kan nie misgekyk word nie – onderstreep deur die bont narrehoed. Die figuur is stil, maar praat; geblinddoek, maar sien. Swart en wit word

---

40   Dit het vir baie jare 'n ereplek in my studeerkamer gehad. Sien ook die uitbeelding van my kantoor, voorheen bespreek.

bymekaargehou, deur rooi. Die gesigsuitdrukking is ernstig, en tog ook dié van 'n nar. Sy voorkoms kan jou flous. Hierdie is *bricolage* in klei, spel teen die bitterheid, peuter teen die pyn, woorde deur trane.

Dit sê: "Waarheid" kan nie stilgemaak word nie; kan nie gemuilband word nie. Dit hou aan met praat; kom voortdurend in sig. Dis nie toevallig dat die figuur, onder die narrehoed, 'n hofpruik — simbool van reg en geregtigheid — dra nie. Miskien hoor, of sien jy nie hierdie waarheid, hierdie reg en geregtigheid raak nie. Dit mag selfs die hoogtepunt van dwaasheid vir jou wees, maar dit is daar, is hier, tussen ons. Hulle wat dit hoor en sien mag geëtiketteer word as narre en gekke. Maar hulle sien *wel*, en hulle hoor *helder*...[41]

Of, in ander woorde: die soeke na sin te midde van die teenstrydighede van die lewe is nie noodwendig maklik nie, het ook baie struikelblokke en selfs teenstanders. Vir sulke struikelblokke en teenstanders is daar baie op die spel — hulle wil die spel van sin-soeke bederwe. Sulke spelbrekers sal muilbande en oogklappe voorsien wat swye en blindheid vir die sin van die lewe moet waarborg. Staak die spel, sê hulle — dis sinloos. Maar dit kán nie gestuit word nie. Die spel gaan voort...

Wat het ek by hierdie kunstenaar oor gesonde onsekerheid geleer? *Derde les*: Moenie toelaat dat dinge of mense of magte jou soeke na sin muilband, of jou oog vir sin verblind nie. Speel die spel van 'n sinsoeker, te midde van die teenstrydighede van die lewe. Wie soek, vind. Dis 'n les waarmee ek nog lank nie klaar is nie.

Kan ons dit nóg 'n stap verder neem? Kan die spel selfs 'n dans word? Ons vierde kunstenaar het geen bekendstelling nodig nie: Pablo Picasso, en die kunswerk is getiteld: *Die vreugde van die lewe.*[42] Wanneer 'n mens daarna kyk, kan jy

---

41   Vir 'n teologiese bespreking van "dwaasheid", sien Johan Cilliers en Charles Campbell, *Preaching Fools.* Sien ook Hoofstuk 2 oor die kuns van kyk.

42   In hierdie skildery maak Pablo Picasso ryklik gebruik van beelde uit die Mediterreense mitologie, onder andere nimfe en bulle, wyn, musiek en dans.

Illustrasie 7: *La Joie de Vivre – Die vreugde van die lewe* (1946)
Pablo Picasso (Publieke Domein)

aanvoel dat die kunstenaar nie die kompleksiteite van die lewe probeer versag of vermy nie – inteendeel. Picasso kan tog op geen manier van lewensontvlugting beskuldig word nie!

Hierdie kunswerk van hom ontplof met die dinamika van die lewe, in vol en helder sonskyn; ontplof met die vreugde van hier-wees en nou-wees. Ons sien mense en diere wat uitbundig dans en musiekinstrumente bespeel; ons sien blou oseane en skepe wat ons na nuwe plekke wil neem; ons sien geel seesand, wat jou uitnooi om met jou tone daarin te kom vroetel... maar, miskien moet ek niks meer sê nie. Kyk eerder self (Illustrasie 7).

Vier hierdie uitbeelding nie die feit dat ek hier, nou, is nie? Is die gawes van lewe, van ruimte en tyd, van wees en word, nie genoeg rede om te dans nie? En, verskaf die genade nie daarvoor die musiek nie?

Wat het ek by hierdie kunstenaar oor gesonde onsekerheid geleer? *Vierde les*: Al weet ek nie, al verstaan ek nie, al kan ek nie alles verklaar nie – kan ek nog dans. Selfs twyfelaars mag tango. Altans metafories. Ek kan nie (regtig) dans nie. Maar daar is genoeg ritme vol, en van, genade rondom my om tog die vreugde van die lewe te vier.

Dus: Ek moet myself nie so ernstig opneem nie; ek mag die fragmente van my lewe herrangskik om nuwe sin te skep; ek moet nie toelaat dat iets of iemand my soeke na sin saboteer nie; en, ek mag maar met die bietjie, of baie sin wat ek gevind het (of eerder: wat my gevind het), in die midde van, en teen, my twyfel dans...

Dis altans wat ek dink.

Wat dink jy?

Al hierdie lesse – waarmee ek nooit klaar is nie – bied natuurlik geen kitsoplossings nie. Die realiteit is steeds dat ons soms, of selfs meestal, nie weet nie. Ek weet nie. Om nie te weet nie, is nie maklik nie, laat jou dikwels sug. Daar is egter 'n verskil tussen om te sug in hoop, en om hooploos te sug. Die Duitse teoloog Eberhard Jüngel verwoord eersgenoemde, die sug-in-hoop, treffend in net twee woorde wat beide "sug" en "hoop" uitdruk, dit trouens verbind:

"Ag ja" – in beide hierdie woorde vind ons die geheimenis van Pinkster. Ons wêreld maak dit nodig dat ons gereeld moet sug: "Ag!" Maar, as ons na God toe kom met hierdie "ag", kan ons ook sê "ja" – "ja" vir die hoop en "ja" vir God. Hulle wat in die Naam van God "Ag ja!" uitroep, is vervul met die Heilige Gees. En wanneer ons leer om regtig hierdie twee woorde te bid, dan word ons eenvoudige "Ag ja!" die mees hoopvolle gesug wat in die wêreld gehoor kán word.[43]

Ons is sinsoekers, almal van ons. Maar ons is darem nie – met apologie aan Koos du Plessis – "swerwers sonder rigting, soekers wat nooit vind" nie. As ons "Ag ja" sê, bring ons twyfel en troos bymekaar, word ons getrooste twyfelaars...

'n Wyse man van lank, lank gelede het dit al ontdek. Hy word soms die Prediker genoem, of ook: Voorganger van die Gemeente. Ek noem hom dié Ou Testamentiese sinsoeker by uitstek. Dit is die moeite werd om na hom te luister. Jy sal verbaas wees: hy, ja juis hý, vier die vreugde van die lewe. Maar lees maar self.

---

43   Eberhard Jüngel, 1979, *Geistesgegenwart, Predigten 11*, 240. Vertaal deur Johan Cilliers.

Sin onder die son?

Prediker 1:1–11; 12:9–14

'n Mens sou beswaarlik die Prediker die grootste optimis van alle tye wou noem. Indien daar 'n prys toegeken sou kon word vir Die Mees Inspirerende Optimis van die jaar, moet jy maar liewer nie sy naam op die kortlys gaan soek nie. Inteendeel. Oënskynlik is hy 'n pessimis sonder gelyke, 'n aartspessimis sonder weerga. Hy laat oënskynlik menige ander pessimis in die stof byt, of ten minste soos 'n blote amateur lyk. Hy steek oënskynlik menige sinikus en nihilis – ook die modernes – die loef af.

Geen wonder nie, want die sleutelwoorde in sy denke is blykbaar: "tevergeefs"; "'n gejaag na wind"; "sinloos"; "alles kom tot niks", om maar enkeles te noem.[1] Blykbaar word sy lewensbeskouinge gedra deur hierdie grondtoon van pessimisme, om fatalisme nie eens te noem nie...

Volgens hom is alles uitgelewer aan 'n sieldodende ritme, en is daar absoluut niks nuuts in hierdie wêreld nie. Geslagte kom en gaan; die son kom op en gaan onder; die wind waai hierheen en daarheen; die riviere bly loop in die see; mense bly praat en kyk en hoor en kry nie daarmee klaar nie. En wat kry 'n mens nou vir jou geswoeg in hierdie wêreld? Alles kom tot niks, sê die Prediker, tot niks.[2] Miskien hoor ons die Prediker op sy morbiedste in sy klassieke vergelyking van mens en dier:

Een en dieselfde lot tref mens en dier, hulle gaan almal dood, die een soos die ander. Almal het net een asem. Die mens is nie beter daaraan toe as die dier nie. Alles kom tot niks. Almal is op pad na dieselfde plek toe, almal is van stof en almal word weer stof. Wie weet of die asem van die

---

1   Prediker 1:14; 2:2.
2   Prediker 1:2-11.

mens opstyg boontoe en of die asem van die dier afgaan onder toe?[3]

Voorwaar, iemand wat só dink, iemand wat besluit dat die sterfdag van 'n mens beter is as sy geboortedag,[4] of dat die gelukkigste van almal dié is wat nog glad nie gebore is nie,[5] slaan die lewe sekerlik nie te hoog aan nie, en kan beslis geen glanstoekennings verwag vir sy bydrae tot die "positiewe denke" nie! Dit is daarom ook nie vreemd dat daar kriewelinge in oud-Israel by sommige was oor die plasing van hierdie boek in die kanon, of dan saam met die heilige boeke van Israel nie. Daar was blykbaar 'n Rabbynse skool wat gewaarsku het dat 'n mens versigtig moet wees om nie jou hande te verontreinig met die boek Prediker nie. Al weet ons nie presies wat hulle hiermee bedoel het nie, kan ons aflei dat hulle nie vreeslik opgewonde was oor hierdie stuk skynbaar blatante pessimisme in hulle versameling heilige boeke nie. Sommige het selfs beweer dat die verwysings na God latere toevoegings was, hier en daar gesprinkel om darem die eer van die boek te red.[6]

Wat die Prediker se pessimisme so ontstellend maak, is die feit dat dit nie sommer uit die lug gegryp is nie. Nee, hy was 'n man met wysheid, wat die volk onderrig het. Hy het nagedink, nagevors en baie spreuke gemaak. Hy het daarna gestrewe om hom raak uit te druk en die waarheid getrou op te teken.[7] Wat ons hier hoor, is nie sommer die dronkverdriet van 'n hierjy nie, maar die weldeurdagte mening van 'n wyse. Hy het alles in hierdie wêreld nagevors, alles probeer in sy soeke na die sin van die lewe.

Hy het op *intellektuele vlak* homself en ander verruim met boeke en kennis en wysheidskole (universiteite). Sy slotsom? Wie kennis versamel, versamel smart.[8] Die wyse sterf net soos

---

3   Prediker 3:19-21.

3   Prediker 3:19-21.
4   Prediker 7:1.
5   Prediker 4:3.
6   Vgl. bv. Prediker 2:24; 3:10, 17; 5:1, 6
7   Prediker 12:9-11.
8   Prediker 1:18.

die dwaas![9] Daar kom nie 'n einde aan die skryf van baie boeke nie, te veel studie ooreis die liggaam.[10]

Hy het *geregtigheid* nagespeur, nagejaag, en ontdek: 'n Regverdige gaan onder al doen hy reg, 'n goddelose geniet 'n lang lewe, al doen hy verkeerd.[11] Sy slotsom? Die wêreld is wat geregtigheid betref op sy kop omgekeer. 'n Mens moet jou nie te regverdig hou nie, maar ook nie te goddeloos nie.[12] Omdat die wêreld nóg hemel nóg hel is, moet 'n mens nóg vleesgeworde engel nóg vleesgeworde duiwel probeer wees!

Hy het die *kreatiewe dimensie* van menswees ten volle probeer: die kuns met sy operageboue, sy sangers en sangeresse;[13] die kultuur met sy ontspanning en gerief; die tegniek met sy groot ondernemings: die bou van huise en damme en aanlê van wingerde, tuine, parke, vrugtebome en lappe jong bome.[14] Sy bevinding? In hierdie wêreld bevredig niks nie.[15]

Hy het die *ekonomiese wêreld* betree en vir hom rykdomme vergader: slawe en slavinne, beeste en kleinvee, silwer en goud. Sy gevolgtrekking? 'n Mens gaan kaal uit die wêreld uit soos hy daar ingekom het. Hy kan niks met hom saamneem vir al sy inspanning nie.[16]

Hy het hom aan die *plesier van die lewe* oorgegee: wyn en talle mooi meisies saam met wie hy die lewe kan geniet. Hy het homself geen plesier ontsê nie.[17] En gevind: Van lag moes ek sê: dis sinloos, en van plesier: wat bring dit?[18]

Dié bevindinge van die Prediker kom sit natuurlik soos 'n brandnetel in die broek van ons moderne samelewing. Juis in

---

9   Prediker 2:16.
10   Prediker 12:12. Laat my wonder: waarom skryf ek hierdie boek?
11   Prediker 7:15.
12   Prediker 7:16–17.
13   Prediker 2:8.
14   Prediker 2:4–6.
15   Prediker 2:11.
16   Prediker 5:14.
17   Prediker 2:3, 8, 10.
18   Prediker 2:2.

dié dinge waarin hy blykbaar geen sin kon vind nie, soek ons so naarstiglik na sin. Ons samelewing is in 'n groot mate behep met prestasie op intellektuele en ekonomiese en tegniese vlak. Ons leuse lui: meer en mooier. Ons advertensiewese verkondig gloeiend: Hierdie produk is nuut, enig en uniek in die wêreld. Met ons voorspoedmentaliteit bou ons aan ons utopieë, wêrelde waarin 'n mens gelukkig en sinvol sal kan lewe. Oor al hierdie pogings om sin uit die dinge "in hierdie wêreld" te haal, skryf die Prediker verdoemend: Dit is 'n gejaag na wind. Weer met apologie (of is dit erkenning?) aan Koos du Plessis – blykbaar is ons tog uiteindelik maar "kinders van die wind".

Hoe moet ons dan die Prediker verstaan? Dis tog nie om dowe neute dat hierdie boek wel in ons Bybel is nie. 'n Vergelyking tussen die Prediker en Job is dalk verhelderend. Job sit op die ashoop, gestroop van al die gawes van die Gewer. Al wat hy het, is 'n velsiekte, 'n stukkie potskerf waarmee hy hom sit en krap, en 'n neulende vrou.[19] Al die dinge wat sy lewe gelukkig en sinvol moes maak, is weg. En tog het Job wel die *Gewer* van die gawes. Die hemel bokant hom is oop wanneer hy bely: Die Here het gegee en die Here het geneem. Prys die naam van die Here.[20] In die Gewer, en in die Gewer alleen, vind Job sin en geluk.

Die Prediker daarenteen het al die *gawes* wat die Gewer maar kon gee: gesondheid, wysheid, rykdom en nog veel meer. Hy het letterlik alles in die wêreld, alles "onder die son".[21] En tog vind hy geen sin daarin nie. Tog ontbeer hy – oënskynlik en aanvanklik – die Gewer van die gawes. Bokant hom is die hemel geslote, 'n onkraakbare koperkoepel. Hy mis skynbaar die sin wat bokant die son, by God, te vinde is. In die ondermaanse, of letterlik ondersonse, werklikheid vind hy geen bevrediging nie.

En tog laat hierdie vergelyking nie heeltemal reg aan die Prediker geskied nie. Sy slotsom is uiteindelik *nie* dié van berusting in die sinloosheid nie. Nee, hy bestorm hierdie

---

19   Job 2:7-9.
20   Job 1:21.
21   1933/53-vertaling.

onkraakbare koperkoepel bokant hom, skreeu as 't ware vanuit die ondersonse na die bo-sonse om sin. Die boek Prediker is in 'n sekere sin 'n omgekeerde adventsboek, wat van onder na bo om die koms van God roep. In hierdie boek het ons 'n dubbele lewensinstelling: 'n Grondige wantroue in alles onder die son, en 'n uitvlug na God, dit wil sê, 'n grondige vertroue in God alleen. Die Prediker het geleer om weg te kyk van die aarde, van mense en hul moontlikhede, na God.

Terugkouend ontdek 'n mens oral in die boek die luike wat na bo geopen word.[22] Dié verwysings na God slinger die Prediker en sy lesers hemelwaarts, Godwaarts. Dis veel meer as bloot pogings om die eer van die boek te red. Dit dui eerder die enigste sin in die lewe aan. 'n Mens hoor dit waarskynlik die duidelikste in die slotsom van die Prediker aan die einde van die boek:

> *Dien God en gehoorsaam sy gebooie. Dit is wat van die mens gevra word. God sal rekenskap eis oor alles wat gedoen word, ook oor wat in die geheim gedoen word, of dit goed is of kwaad.*[23]

So word die ganse aardse werklikheid, ook die mense met hulle doen en late, in betrekking tot God geplaas, meer nog: word dié betrekking geopenbaar. Wie hierdie dimensie na bo verloën, bly steek vas in die sinloosheid. Mag ek 'n beeld uit die natuur gebruik? Wie sin ontdek het, wie die luik na bo oopgooi, blom. Soos 'n sonneblom. 'n Sonneblom se hele bestaan draai rondom die son. Selfs sy naam ontleen hy aan die son. Deurdat die sonneblom wegkyk van homself, vind hy sy bestemming: sonneblom! Maar, as die sonneblom om die een of ander rede wegkyk van die son, keer hy op homself in, verlep hy en gaan hy letterlik en figuurlik te gronde. In hierdie sin moet sinsoekers ook sonsoekers wees. Die Prediker het ontdek dat geluk en sin daarin lê dat 'n mens van jouself af moet wegkyk na God toe. So bereik jy jou bestemming. Die sonde voer ons

---

22   Prediker 2:24; 3:10, 17; 5:1, 6; ensovoorts.
23   Prediker 12:13-14.

egter na die sinloosheid, laat ons op onsself inkeer, maak van ons in plaas van sonneblomme, sonde-blomme...

Die Prediker het ontdek: Die sin van die lewe lê by God. Daarom roep hy as 't ware: Here, skeur tog die hemele! Kraak tog die koperkoepel! Daal tog na my neer! Wat natuurlik presies gebeur het – in Christus. Advent (die koms van Christus) hét plaasgevind. Die Woord hét mens geword en onder ons kom woon.[24] God hét in Christus in ons ondersonse werklikheid kom inklim, en sin gebring. Die evangelie van Jesus Christus is opgewasse teen die donkerste werklikheid, en bevrydend genoeg vir die grootste pessimis...

Ek het gesê dat die boek Prediker 'n dubbele lewensinstelling openbaar: 'n Grondige wantroue in alles onder die son, en 'n heelhartige vertroue in God, bo die son. Nou moet ons dit aanvul met 'n derde: 'n Nuwe genot in alles onder die son. 'n Mens tref by die Prediker hierdie driedubbele beweging aan: weg van jouself, na God, en met God terug na jouself en die werklikheid.[25] Want sien, die Prediker het niks teen wysheid, of geregtigheid, of die ekonomie, kuns, kultuur of tegniek nie. Alleen maar: Vanuit hierdie dinge is nie sin af te lei nie, maar mét God word sin daaraan gegee. Daarom kan dieselfde Prediker wat skynbaar so pessimisties klink, wat skynbaar menige ander pessimis die uitklophou sal gee, so optimisties (ons moet eerder sê: realisties) oor die lewe skryf. Luister byvoorbeeld hierna:

Ek het tot die insig gekom dat daar vir 'n mens niks beter is nie as om vrolik te wees en die goeie van die lewe te geniet. Dat die mens kan eet en drink en onder al sy arbeid nog die goeie kan geniet, ook dit is 'n gawe van God.[26]

---

24   Joh. 1:14.

25   In 'n sekere sin het ons tipiese Ou Testamentiese kosmologie en wysheid hier: As jy na die lewe "van onder na bo" kyk, lyk dit sinloos. Al wat jy sien, is die koepel van die hemel wat die aarde bedek. Indien jy egter na die lewe "van bo na onder" kyk, deur die lens van "om God te vrees", word die lewe nuut en sinvol.

26   Prediker 3:12-13.

En:

*God gee aan 'n mens rykdom en besittings en laat hom dit
geniet. God laat die mens sy deel ontvang en sy werk met
vreugde doen. Dit is 'n gawe van God. So 'n mens dink skaars
na oor wat in sy lewe gebeur, so vol is hy van die blydskap
wat God gee.*[27]

En, net om seker te maak dat ons hom reg gehoor het:

*Ek het vreugde aanbeveel: daar is niks beter vir die mens in
hierdie wêreld nie as dat hy eet en drink en vrolik is onder
al sy geswoeg tydens die lewe wat God hom in hierdie
wêreld gee.*[28]

Dis tog merkwaardig. Die Prediker is volgens alle
aanduidings 'n pessimis. En tog is hy ook 'n realis, meer
nog: 'n geloofsrealis. Aan die een kant lui sy sleutelwoorde:
"tevergeefs", "sinloos", "niks", "'n gejaag na wind". En aan
die ander kant: "vreugde", "vrolikheid", "blydskap", "genot".
Wie die boek Prediker goed lees, hoor uiteindelik nie 'n gesanik
oor die sinloosheid van die lewe nie, maar 'n blydskap wat
sin máák.

Kyk mooi. Die Prediker dans oor die vreugde – die
sinvolheid – van die lewe.

'n Mens sou dit ook *hoop* kon noem.

Daarmee het hy ons – al verlangend, en tog dansend –
by die volgende hoofstuk gebring.

Ag ja!

---

27   Prediker 5:18-19.
28   Prediker 8:15.

Hoofstuk 2

Vervulling: Om te weet dat jy (volledig) sal weet…

Ek weet nie… maar eendag sal ek weet.

Waar kom ons vandaan, en waarheen (bogenoemde "eendag") is ons op pad? Net so fassinerend as wat die vrae oor ons oorspronge is, so ook, en moontlik selfs meer, die vrae oor ons toekoms. Toekomskunde is tans besonder lewendig, besig om na te dink oor wat moontlik, voorspelbaar, waarskynlik, en geloofwaardig is. Wie op aarde weet wat op aarde gaan gebeur?

Ek is van oortuiging dat ten minste die volgende drie sake in die middelpunt van aandag gaan staan: ekologie, tegnologie, en die realiteit van globale katastrofes – en dat hulle almal op een of ander manier met mekaar verband gaan hou. Ek skryf hierdie boek tydens die jaar 2023, en ek vermoed dat 'n groot deel van die planeet Aarde se toekoms gaan uitspeel binne hierdie driehoek van ekologiese uitdagings, tegnologiese ontwikkelings, en globale katastrofes.

'n Mens het geen verbeelding nodig om te verstaan dat verskeie vorms van lewe op ons planeet tans bedreig word deur uitwissing, of reeds van die aardbol af verdwyn het nie. Sal ons ekosisteme kan bly voortbestaan as ons so aanhou om ons planeet in 'n puinhoop te verander? As ons plastiek alles versmoor wat in die voetpad kom van ons morsige mensdom? As ons ons planeet so bly oorbevolk?[1] Ons is dalk gouer as wat ons dink by 'n globale kookpunt. En, as ons planeet die laaste asem uitgeblaas het, sal ons, soos baie droom, na ander planete kan verhuis? Op Mars kan huis opsit? Daar is tog meer as genoeg ruimte in die kosmos, en ons, *homo sapiens*, is tog van nature ontdekkingsreisigers, of hoe? Of dalk ontdek ons nog ander vorms van lewe op een van die miljoene leefbare

---

1 Tans meer as 8 biljoen mense (2023).

planete in ons heelal, voor die einde van hierdie eeu, soos sommige voorspel? Vandag se wetenskapsfiksie is mos môre se alledaagse, nie waar nie? Sal die aarde ons kan oorleef, of sal ons die aarde kan oorleef? Ek weet nie.

Sal ons ons eie tegnologie kan oorleef? Of sal ons tegnologie ons oorleef – en as kunsmatige intelligensie (AI) die alleenheersers op hierdie planeet word? 'n Mens het regtig nie besondere insig nodig om te weet dat die voortdurende versnelling van tegnologiese ontwikkeling slegs maar die begin is van asemrowende deurbrake in hierdie verband wat ons toekoms onherroeplik gaan verander nie. Ek moet toegee: ek is nogal nuuskierig om te weet hoe die (tegnologiese) toekoms van my kinders en hulle nageslagte gaan ontvou. Dalk selfs 'n bietjie jaloers dat ek nie hier sal wees om dit saam met hulle te ontdek (of te beveg?) nie. Waarskynlik, nee, beslís sal hulle in elk geval baie beter toegerus wees as ek om dit alles te verstaan...

Hartseer genoeg, hoef mens ook nie bogemiddeld intelligent te wees om in te sien dat die mensdom in die (nabye) toekoms toenemende globale katastrofes te wagte kan wees nie – op biologiese, sosiologiese, militêre, politieke en ander vlakke. Ek hoop van harte dat ek verkeerd is, maar dalk gaan ons tog nié in staat wees om die utopie van welwees te skep wat deur so baie begeer en beplan word nie. Inteendeel. Moontlik mag die oorloë van die toekoms (nog) meer oor basiese dinge handel: water, ruimte, voedsel, skoon lug...

Dan is die vraag: Sal die lewe nog enige "betekenis" hê as ons omring word deur tonele van 'n verwoeste, post-apokaliptiese wêreld; as die ruïnes van 'n verskroeide en verbruikte planeet voortdurend by ons kom spook? Sal die lewe byvoorbeeld nog "sin" maak as ons, aan die een kant, globaal verbind is met briljante tegnologie, maar aan die ander kant, ironies genoeg alle menslike kontak moet vermy vanweë die bedreiging van immer- en alomteenwoordige virusse wat ons totale uitwissing as mensdom sou kon veroorsaak? Kan ons nog heel mense wees as ons mekaar slegs per hologram mag besoek?

Watter nut sou dit hê as ons asemrowende mediese kennis tot ons beskikking het, maar tog nie die snelle verspreiding van onbekende siektes kan keer, in elk geval nie voordat hulle tot ongekende lewensverlies en globale paniek gelei het nie? Wat beteken "lewe" wanneer mikrobes, so klein dat jy hulle nie kan sien nie, orals om ons is, magtiger as enige politieke figuur of instelling, magtiger as die mediese wetenskap, magtiger as alle militêre mag?[2] As jy heeldag in vrees moet leef?

Wat hou die "betekenis van die lewe" in wanneer duisende, nee, miljoene mense soos insekte sneuwel vanweë globale gebeure soos hongersnood, oorloë, siektes, natuurrampe? Het enige van daardie lewens ooit iets "beteken"? Of was hulle bloot onbelangrike brokkies "bestaan", minuskule spatsels lewensplasma, proefkonyne in een of ander koue, kosmiese eksperiment wat moes demonstreer wat "lewe" nou eintlik beteken, of behoort te beteken? Is die eksperiment genaamd *homo sapiens* 'n mislukking?

Wel, is ons? Ek moet erken, dikwels as ek na die nuus kyk of die koerant lees, wil ek sê: Ja, en nog 'n keer: Ja. Soveel onreg en geweld; soveel korrupsie en kriminaliteit; soveel sluwe speletjies van magtige mense. Elkeen doen blykbaar "wat reg is in sy eie oë".[3] En as ek 'n slag na die geskiedenis van die mensdom kyk, wil ek weer sê: Ja, beslis – ons is 'n totale mislukking. Soveel volksmoorde en foltering; soveel gruwels en gemeenheid; soveel mense wat al deur mense doodgemaak en vermink is. Die syfers is skrikwekkend: Tussen 20 en 40 miljoen tydens die Eerste Wêreldoorlog; nagenoeg 60 miljoen tydens die Tweede Wêreldoorlog. En die Derde Wêreldoorlog? En die Vierde? Hoeveel miljoene sal nog doodgemaak moet word – deur medemense? Dit laat my dink aan die woorde

---

2   Ek skryf hierdie woorde tydens die nadraai van die Covid-19-pandemie wat gepaard gegaan het met voorskrifte rondom streng "sosiale distansiëring". Is hierdie pandemie 'n onheilspellende voorloper tot dit wat nog in die toekoms op 'n globale skaal mag gebeur?

3   Sien Rigters 21:25.

van 'n lied, gesing deur Davey Arthur en The Fureys, met die titel: *The Green Fields of France*. Die sanger gaan sit by die graf van 'n gevalle soldaat uit die Eerste Wêreldoorlog, en voer die volgende, aangrypende gesprek:

Well, how do you do, young Willie McBride?
Do you mind if I sit here down by your graveside?
And rest for a while in the warm summer sun
I've been walking all day, and I'm nearly done
I see by your gravestone you were only nineteen
When you joined the great fallen in 1916
I hope you died well and I hope you died clean
Or young Willie McBride, was it slow and obscene?

Ah young Willie McBride, I can't help wonder why
Do those that lie here know why did they die?
And did they believe when they answered the cause
Did they really believe that this war would end wars?
Well the sorrow, the suffering, the glory, the pain
The killing and dying, were all done in vain
For young Willie McBride, it all happened again
And again, and again, and again, and again

Ek wens dit was anders, maar dis blykbaar 'n feit: Solank as wat daar mense is, sal daar oorlog wees.[4] So hartseer – want ons brein is eintlik gerat vir die liefde...[5]

Tragies. Teenstrydig. Want, behalwe vir die Wêreldoorloë, sterf daar nog soveel as 45 miljoen mense onder Mao Zedong; en onder Stalin – wie weet regtig – tussen 9 en 61 miljoen? En dan dink ons nie eers verder terug tot in die newels van die geskiedenis nie, tot by die vergrype van die Romeine, die Turke, die Hunne, die Vikings... en o ja, moenie die Suid-Afrikaners vergeet nie.

---

4   Terwyl ek hierdie woorde skryf, woed die oorlog tussen
     Rusland en die Oekraïne; vlieg die missiele (weereens) heen
     en weer tussen Hamas en Israel (11 Oktober 2023).
5   Sien die bespreking verderaan in hierdie hoofstuk.

Skrikwekkende syfers. Het ek gesê syfers? Nee, dis mense. Almal met name. En gesigte.

Is ons 'n mislukking? Miskien moet ek tog my pessimisme ('n bietjie) temper en sê: Ons is (ten minste) 'n mengsel van goed en kwaad, van lig en donker... want kyk, nie alleen het ons 'n Hitler opgelewer nie, maar ook 'n Luther; nie alleen 'n Mussolini nie, maar ook 'n Mozart; nie alleen 'n moordenaar soos Charles Manson nie, maar ook 'n Moeder soos Theresa; nie alleen 'n Jeffrey Epstein nie,[6] maar ook 'n Albert Einstein... en so kan ek aangaan.

Wonder bo wonder – God het geduld met ons. Die Bybel noem dit sy trou – waarskynlik die woord wat die meeste in die Bybel voorkom.[7] God laat ons nie los nie; God is taai in sy trou. Hy haal ons nié – met apologie aan I.L. de Villiers – uit sy "waagskaal uit as 'n té groot risiko nie".[8]

Wonder bo wonder...

So, waarheen is ons, hierdie twyfelagtige wese genaamd *homo sapiens*, op pad? Wat hou die toekoms (vir ons) in? Wat gaan "eendag" met ons gebeur? Wel, één antwoord sou, sonder enige twyfel, moes lui: die dood. Gesamentlik en persoonlik. Uiteindelik en onontkombaar. Vir seker en onherroeplik. Maak nie saak wát gebeur in terme van die ekologie, of die tegnologie, of die dreigende katastrofes nie. Hoe hard die mensdom ook al probeer om self, biotegnies, "ewige" lewe te skep. Die dood bly dood-seker. En daarna?

Feitlik alle godsdienste bied hulle antwoorde op hierdie knaende vraag aan, al sedert die begin van die mensdom. Een, nogal funksionalistiese antwoord op die vraag na die rol van godsdiens in die aangesig van die dood, en alle bedreigende ervarings op die grense van ons lewens, word beskryf as die bestuur (en oorkoming) van ons eksistensiële belewenisse van onbeheerbare gebeurlikhede. 'n Mens

---

6   Veroordeelde Amerikaanse seksoortreder.

7   Sien byvoorbeeld Psalm 100:5, om slegs een uit talle verwysings te noem.

8   'n Frase uit die gedig 'Balansstaat', gepubliseer in *Leitourgos* (Kaapstad: Tafelberg Uitgewers, 1972), 32.

sou dit 'n gebeurlikheidsplan, of 'n gebeurlikheidspraktyk kon noem. Die Duitse teoloog Arnold Gehlen noem dit *Kontingenzbewältigungpraxis*.[9]

Volgens Gehlen het godsdiens 'n spesifieke rol in pre-moderne tye gespeel, veral op drie vlakke: eerstens, deurdat dit – wat terugskouend só beskryf sou kon word – 'n *teoretiese* poging gebied het om die betekenisvolle interkonneksies van die werklikheid as geheel te verhelder, in terme van die oorspronge en toekoms daarvan. Tweedens, het dit 'n tipe moraliteit gepropageer, op *praktiese* vlak, om die maniere waarop mense opgetree het te kontroleer, by wyse van opvoeding, dogma, voorbeeld, en tradisie. Derdens het godsdiens die funksie van *Kontingenzbewältigung* vervul deur mense te help om die onsekerhede en onbeplande katastrofes te hanteer, in besonder tydens eksistensiële grenservarings van die lewe – wat hy die "rugkant van die lewe" noem ("Rückseite des Lebens").[10]

Volgens Gehlen het die moderne samelewing tot 'n groot mate die eerste twee rolle van godsdiens oorgeneem, naamlik die teoretiese ordening van die lewe en die praktiese regulering van lewenswyses, maar, alhoewel moderne tegnologie 'n groot rol speel om die negatiewe en onbeplande gebeurlikhede van die lewe te versag, slaag dit (nog) nie volledig daarin nie en daarom die voortgaande belang van godsdiens. Dit – om die negatiewe gebeurlikhede van die lewe in die gesig te staar – bly volgens Gehlen die kern van (huidige uitdrukkings van) godsdiens vanuit 'n antropologiese gesigspunt beskou.[11]

Natuurlik help godsdiens – ook die Christendom – ons in hierdie verband. Dit inkorporeer alle (antropologiese) pogings wat die welwees van ons as mense kan bevorder. Maar, na my mening, is dit nie die volle optelsom nie. Soms kan gebeurlikhede só onvoorspelbaar wees dat geen gebeurlikheidsplan of gebeurlikheidspraktyk dit kan "hanteer"

---

9   Sien Arnold Gehlen, 1986, *Urmensch und Spätkultur: Philosophische Ergebnisse und Aussagen*, 66v.
10   Gehlen, *Urmensch und Spätkultur*, 31.
11   Ibid., 75.

nie.[12] Die Christelike geloof dui in elk geval op meer as net 'n gebeurlikheidsplan, of selfs 'n gebeurlikheidspraktyk, wat vanuit die briljantheid van ons godsdienstige DNS geprojekteer word. Daar is, na my mening, 'n "meer", 'n "anderkant".

Uiteraard ís dit so dat godsdiens ook in ons brein plaasvind. Daar is interessante neuro-teologiese navorsing gedoen wat aandui waar in ons kranium godsdienstige ervarings gebore en gestoor word. Ook daarom sal "God" in 'n sekere sin nooit van ons af (kan) weggaan nie.[13] Maar ek glo dat God hierdie kapasiteit in ons kranium ingeplant het – ook om lief te hê, wat die hoogste is waartoe ons as mense in staat is.[14] Neuro-wetenskaplikes het al daarop gewys dat ons brein inderdaad só ingerig is dat ons nie moet vrees nie, maar eerder liefhê.[15] Ons brein is gerat om lief te hê, omdat God liefde is.[16]

God is, na my mening, meer as 'n projeksie, soos denkers soos Feuerbach, Nietzsche, Marx en Freud voorgestel het. God is vir my meer as 'n uitstulping van my menslike gemoed, meer as 'n verlengstuk van my eie ek, meer as 'n beeld op die skerm van my behoeftes. Ek skep nie maar net my eie god, iemand wat my hand kan vashou in bang en donker tye, iemand na wie

---

12   Sien Hoofstuk 3 vir 'n verdere bespreking van "onvoorspelbaarheid".

13   Sien die interessante boek van Andrew Newberg, Eugene D'aquili en Vince Rause, *Why God won't go away: Brain Science and the Biology of Belief* (New York: Ballantine Books, 2001).

14   Vgl. 1 Korintiërs 13:1.

15   Caroline Leaf, *Switch on your Brain: The Key to Peak Happiness, Thinking, and Health* (Grand Rapids, MI: Baker Books, 2013), 130, is van mening dat God pure liefde is, en dat dié Een "Who never leaves and never forsakes His creation, has wired the brains of human beings for love and not for fear, and therefore all the circuits – neurochemical, neuropsychological, neurobiological, electromagnetic and quantum – are geared up for healthy, non-toxic loving, thinking and living." Dit laat mens dink aan die woorde van Johannes: "Waar liefde is, is daar geen vrees nie, maar volmaakte liefde verdryf vrees..." (1 Johannes 4:18). Sien ook die Slotsom vir 'n bespreking van die liefde as hoogste doel van ons soeke na sin.

16   1 Johannes 4:8.

toe ek kan hardloop met probleme wat groter as ek is nie.[17] Vir my is "geloof" nie 'n skisofreniese gesprek met die "god" in my kranium nie.

Ek weet, ons is hier by 'n eeue-oue debat. Mens kan aanvoer dat jy God kan "bewys", of jy kan aanvoer dat jy God nie kan "bewys" nie. Dit is 'n debat wat seker nooit sal ophou nie. Ek is van oordeel dat dit nie 'n sinvolle debat is nie, in die sin dat dit nie werklik sin (kan) oplewer nie – eerder bestaande pole nog verder van mekaar vervreem. Vir my is God nie "bewysbaar" nie, maar ook nie "onbewysbaar" nie. Alles hang inderdaad af van "geloof", maar laasgenoemde is geen sprong in die duister nie. Inteendeel. Ek glo in (goeie) wetenskap. Ek glo ook in God. Daar is vir my geen teenspraak nie. Die misterie, en dus verwondering, kan eerder in die dialoog tussen geloof en wetenskap verdiep word – die misterie oor ons lewens, en die misterie oor God, en die misterie oor die verhouding tussen ons en hierdie God.

"Misterie" is inderdaad 'n veelseggende woord. Dit word soms as 'n ontsnappingsroete gebruik, wanneer die vrae oor die sin van die lewe te moeilik word. Dan sê ons mos maklik: Ag, dis alles maar 'n misterie. Vir my is hierdie woord nie 'n ontsnappingsroete uit die ruimte van moeilike vrae nie, maar eerder 'n uitnodiging tot 'n ruimte waarbinne 'n verwonderde mens vrae mag, en moet vra, en waar verrassende antwoorde lê en wag om geopenbaar te word. Juis daarom, in hierdie ruimte van verwondering, kan, en mag, wetenskap en geloof hande vat...

Deel van hierdie misterie is dat daar, soos ek vroeër gesê het, 'n "meer", 'n "anderkant" is wat "buitekant" my kranium lê – of ten minste buite my huidige tydsbelewenis. Kom ons noem dit, op voetspoor van Paulus se gedagtegang, die toekoms van ons volledige kennis:

---

17   Sien ook die bespreking van "godsbeelde" in die Slotsom. Ook my bespreking in Johan Cilliers, *In die Greep van God*, 20.

*Nou ken ek net gedeeltelik, maar eendag sal ek ten volle ken
soos God my ten volle ken.*[18]

Dis 'n merkwaardige gedagte. Ons huidige kennis sal verander
word, fundamenteel. Ons einddoel voor, in, en ná hierdie
aardse bestaan is om tot die volheid van die kennis van lewe te
kom. Paulus gebruik 'n uitdrukking wat werklik verstommend
is: "soos" God my ten volle ken, só sal ek ten volle ken.[19]

"Soos". Beteken dit dat ons – net "soos" God –
dwarsdeur die werklikheid van die heelal, en deur alles wat
was, is, en sal wees kan kyk, met volle begrip? Hier word
ons kraniums weer met verbystering gevul. Sal daar 'n soort
vergelyking, 'n analogie, tussen ons kennis en God se kennis
wees? Onbegryplik vir mense wat nou nog net gedeeltelik ken.

Die toekoms is die toekoms; dit is nie "nou" nie. Reg so.
Maar ons begrip van "nou" is te nou. "Nou" is nie nét nou nie
– dis ook deurdronge met netnou, oftewel toekoms. Hier is een
van die misteries waarvan ek hierbo gepraat het, naamlik die
misterie van tyd. Ons word geleenthede gegun (jy kan dit ook
genade noem) in oomblikke van nou, wanneer ons wel glimpe
kry van die volledige kennis wat kom. Dan voel ons die volheid
aan – die vervulling van alle kennis, vervul deur en met liefde,
wat ewig is. Of andersom gestel: Wanneer ons nou liefhet,
breek die toekoms aan; wanneer ons nou liefhet, raak ons aan
die ewigheid.[20] Die grootste van alles is immers die liefde; dit is
die sleutel wat die hede as ewigheid ontsluit ...[21]

Om die vervulling van alle kennis alreeds nou (deur
liefde) aan te voel, is wel 'n voorlopige vervulling, maar steeds
vervulling. Dit gee aan die teenswoordige tyd, die nou, 'n
ander gehalte en karakter. Mens hoor dikwels die spreuk: Ons
het eintlik net nou om te leef. Of: Ons lewens is net 'n dag lank.
Daarom: *Carpe diem* – gryp die dag!

---

18   1 Korintiërs 13:12.
19   Vgl. A.A. van Ruler, 1975, *De meeste van deze is de Liefde: Het
hart omvat de dingen en heeft ze lief*, 83.
20   1 Korintiërs 13:7-8.
21   1 Korintiërs 13:13; sien ook die meditasie aan die einde van
die boek.

Daar steek ongetwyfeld waarheid in hierdie lewensbenadering. Ons lewe dikwels te veel in die verlede (dalk vanweë ons skuld), en ons vlug te veel die toekoms in (dalk vanweë ons vrees vir die hede). Ons verpas telkens die hede. Ons moet die hede aangryp, wat nie beteken dat ons die verlede of die toekoms hoef prys te gee nie. Ons is immers meer as die beeste en donkies wat net van die hede weet; ons het 'n bewussyn van verlede en toekoms, 'n sin vir tyd – aldus Karl Barth.[22] Aan die ander kant, weet ek darem ook nie so mooi nie – my skaaphond is só slim dat ek sterk vermoed dat hy wél 'n sin vir tyd, of ten minste verstommende tydsberekening het...

In 'n sin het ons net die hede. Dit is ook nie strydig met die Christelike verstaan van tyd nie. Augustinus het al verklaar dat ons net die hede van die verlede het (ons kan slegs in die hede die verlede onthou); ook net die hede van die toekoms (ons kan slegs in die hede beplan vir, en wag op, die toekoms), en so ook net die hede van die hede.[23] Die bekende skrywer C.S. Lewis is van mening dat die hede – nie die verlede of selfs toekoms nie – die punt is waar die tyd die beste aan die ewigheid raak.[24]

Hierdie verstaan van die "nou" is op geen manier 'n hedonistiese verlustiging in elke plesiertjie van die uurtjie nie. Om die dag te gryp is, ten minste in hierdie sin, nie 'n gryp na elke greintjie genot nie. Inteendeel, dit het die diepste sin; dit ontlok ewigheid; dit open vistas op die vervulling van alle kennis.

Om só "glimpe van die kennis wat kom" nou te ervaar, sou ook beskryf kon word as *oomblik as ewigheid*.[25] Dis die moeite werd om vir 'n oomblik oor hierdie frase na te dink. Al drie woorde dra gewig. "Oomblik" dui op temporaliteit, op die ervaring van tyd, en dus geskiedenis. Dis altyd in oomblikke

---

22   Karl Barth, *The Theology of John Calvin* (Grand Rapids, MI: Eerdmans, 1993), Introduction.

23   St Augustine, *Confessions* (Our Lady's Warriors, 1998).

24   C.S. Lewis, *Mere Christianity* (New York: Harper Collins, 2001), 75.

25   Ek gebruik hierdie frase in aansluiting by Søren Kierkegaard. Sien die bespreking verderaan.

wat gebeure plaasvind, wat ons later deur herinnering kan herroep. "Ewigheid", aan die ander kant, dui op die "anderkant" van tydloosheid. "As" impliseer uiteraard 'n ooreenkoms, 'n vergelyking, selfs 'n ooreenstemming: oomblik is ewigheid, en ewigheid is oomblik. Daarom sou mens in dieselfde asem van *oomblik as ewigheid* en *ewigheid as oomblik* kon praat. Die toekoms is 'n tyd wat tans na ons toe kom. Dit transformeer telkens enige toe-stand in 'n toe-koms. Nou is toekoms, en toekoms is nou. Altans, dit is wat Advent in die Christelike sin van die woord beteken: Die (voortdurende) koms van die Een wat alreeds gekom het.

In temporele diskoerse word tradisioneel gepraat van verlede, hede, en toekoms. Ons sou kon sê: Ons kom uit die verlede, en ons is op pad na die toekoms. Die hede is die tydsraamwerk "tussen" verlede en toekoms. Verlede, hede en toekoms moet egter nie gesien word as drie aparte "episodes" nie, moet nie gekompartementaliseer word in temporele fiksasies nie. Sodanige tyd-fiksasie sal nie net ons perspektiewe op die verlede en toekoms verwring nie, maar veral ons blik op, en gevolglik ervaring van, die hede. Die hede word wel gevul met verlede en toekoms, maar dra ook in sigself glimpe, oftewel "oomblikke as ewigheid". Hierdie siening en ervaring van die hede help ons om die vraag te beantwoord: Waarheen is ons op pad?

Kom ek druk dit anders uit, hierdie keer met behulp van ruimtelike kategorieë – welwetende dat so 'n poging bepaalde beperkinge het (en toegegee, 'n ietwat komplekse uitdaging is). Die hede word nie alleen "terugwaarts" met die verlede gekoppel nie; dit word ook nie net "voorwaarts" met die toekoms gekoppel nie; dit word ook "opwaarts", of "inwaarts" met die "anderkant" gekoppel, in oomblikke as ewigheid. En, as ons hierdie oomblikke as ewigheid wil onderskei, en dus ervaar, benodig ons 'n spesifieke soort oog, 'n waarnemingsvermoë, wat glimpe van die kennis wat kom, kan raaksien.

Dit is interessant om daarop te let dat die woorde "oomblik" of "moment" in baie tale met sien, met die oë, verbind word. In Deens is dit *Øjeblikket* – "'n blik van die oog". In Duits is dit *Augenblick* – 'n knip van die oog. In Nederlands en Afrikaans, *oomblik*, *oogwink* – ook aanduiding van 'n vlietende moment, so kortstondig soos die knip van 'n oog. Dit wil voorkom asof "momente" en "oomblikke" daar is om te sien, maar ook gou verbygaan en maklik misgekyk kan word.

Selfs ontstellender: Oomblikke kan verbyglip as *ewigheid* (dus: as toekoms) – en jy het geen oog daarvoor nie. Jy kan jou oog wink, en nie agterkom dat die ewigheid wink, jou roep en nooi nie. Die ewigheid kan by jou verbyskuur, in die knip van 'n oog, maar jy sien dit nie, want jy het oogklappe aan. Dit wil voorkom asof baie, dalk selfs alles, afhang van jou visie, van die manier waarop jy die kuns van sien bemeester het, of nie. Die hede is inderdaad swanger met die toekoms – maar die geboorte van die ewigheidsmoment daarbinne gaan by baie verby omdat hulle oë op ander dinge gevestig is.

Ons lewe natuurlik in 'n wêreld wat baie sien. Trouens, dit wil voorkom asof ons ly onder wat genoem sou kon word visuele oorlading, of hiper-visualisering. Ons beskik oor al die instrumente om ons oë te ondersteun; ons het (elektron-) mikroskope, (Hubble-)teleskope, digitale media – alles daarop gemik dat ons beter kan sién.[26]

Maar... ons sien nié. Ons het al die instrumente om beter te kan kyk, maar ons het die kuns van kyk verloor. Dit is egter slegs deur die kuns van kyk dat ons die tekens van transendensie, die oomblikke as ewigheid, sal kan sien – ook, en veral, in die alledaagse.[27] Ons het nodig om 'n nuwe visie te kweek wat anders kyk na die alledaagse, wat meer sien as net kombuisstoele of fietswiele en hulle nie bloot as gebruiksitems inspan nie.[28] Ons moet leer om waardigheid in die alledaagse (klaargefabriseerde) "in te kyk".[29] Dalk ontdek ons selfs saam

---

26   Stephen Pattison, 2007, *Seeing Things: Deepening Relations with Visual Artefacts*, 3.

27   Birgit Weyel, 2007, *Predigt und Alltagskunst: Wilhelm Genazino und der poetische Blick auf das Leben*, 209-211.

28   Vergelyk weer die gesprek in Hoofstuk 1. Ook Pattison, *Seeing Things*, 17.

29   Vergelyk weer die gesprek in Hoofstuk 1.

met Martin Luther dat dit juis die alledaagse is wat God verteenwoordig – as die maskers wat God dra en die klere wat God aan het. God is, volgens Luther, teenwoordig in elke blaar op elke boom in elke bos (ook dié waarin ons so maklik verdwaal), en in elke stukkie brood wat ons eet, en tegelykertyd is God bo en buite alles wat is.[30]

Hoor jy die blare handeklap in die wind? Applous op die teenwoordigheid van God.

Ruik jy die reuk van varsgebakte brood? Proe jy dit? Só naby is God.

Elke hap 'n stuk ewigheid...

En, hoe weet ons dat die sogenaamde "alledaagse" dié plek is waar ons die tekens – of maskers, in Luther se woorde – van God se teenwoordigheid kan sien? Ons weet dit omdat God in Jesus 'n *mens* geword het. Hy word as 'n doodgewone kindjie gebore; word groot soos enige ander babatjie. Hy leer loop, sê sy eerste brabbelwoordjies, val sy knieë stukkend en soek by sy ma troos. Uit Hom straal daar nie 'n anderwêreldse glans nie, en om Hom is daar nie 'n (opsigtelike) skare van engele nie. Dieselfde Luther wat so oor God se maskers kon skryf, was diep onder die indruk van hierdie menslikheid van Jesus, en verwoord dit so:

Hy was nie 'n spook nie, maar het onder mense gewoon; Hy het oë, ore, 'n mond, neus, bors, lyf, hande en voete gehad net soos ek en jy, melk by sy moeder gedrink, saam met ons geëet en gedrink, was toornig, het gebid, getreur, geween.[31]

---

30   Martin Luther het dikwels gepraat van God se handelinge en teenwoordigheid in die geskiedenis as 'n vermomming, of masker. Volgens Luther vorm elke deel van die skepping deel van God se maskerspel – *Ideo universa creatura eius est larva dei.* God is altyd teenwoordig en werkend. Nie alleen het God hierdie wêreld geskep nie; die wêreld verteenwoordig ook God en sou vergelyk kon word met 'n kledingstuk wat God aan het. Luther, 1883:40(1):174; 17(II):192).

31   Soos vertaal en aangehaal uit Johan Cilliers, *Sal die Regte Jesus Opstaan, Asseblief?* (Vereeniging: CUM, 1997), 16.

Doodgewoon mens. En tog ook buitengewoon God. 'n Mens kan dié buitengewone doodgewoon miskyk. Dit was van die begin af so. Herodes het gereken dat Jesus 'n politieke indringer was. Die Skrifgeleerdes het gedink Hy is 'n Godslasteraar. Sy broers was aanvanklik van mening dat Hy te groot vir sy sandale is. Sommige van sy volksgenote beskuldig Hom selfs dat hy waansinnig, of erger, van die Duiwel besete is. Hulle kyk die buitengewone God in die gewone Jesus mis.

Jesus is doodgewoon – tot in die dood. God kom in die vermomming van 'n dienskneggestalte, gehoorsaam tot in die dood, ja, die dood aan die kruis.[32] Christene neig dikwels om God slegs in die "bonatuurlike" te soek. Ons gedra ons dikwels alte onnatuurlik; onttrek ons uit die doodgewone – en gaan so teen die grein van die Evangelie in. Ons hoef nie so krampagtig te sug om, en te soek na, die "bonatuurlike" nie; hoef nie te dink dat dié bonatuurlike nou die eintlike "geestelike" is, of dat diegene wat getuig van hulle "bonatuurlike" ervarings dié super-christene is nie. Trouens, die Gees is nie op superieure gelowiges of swewende engele uitgestort nie, maar op vlees, dit wil sê egte, feilbare, ja, doodgewone *mense*.[33]

Ons moet tog nie só bonatuurlik raak dat ons bonatuurliker as Jesus begin word nie. As dít gebeur, sien of hoor ons dié Jesus wat mens geword en onder ons kom woon het nie meer raak nie.[34] En nee, dit doen geen afbreuk aan die goddelikheid van Jesus nie; bring nie sy opstanding uit die dood en sy heerskappy oor alle dinge in die gedrang nie, maar verdiep juis die wonder daarvan. Dit neem nie die feit weg dat ons as (doodgewone) gelowiges soms dinge kan ervaar wat ons as "bonatuurlik" sou kon beskryf nie.[35] Geensins. Net maar – Jesus maak die *doodgewone* buitengewoon; trouens, vir Hom

---

32   Filippense 2:8.
33   Sien Handelinge 2:1-13.
34   Sien Johannes 1:14.
35   Sou ek byvoorbeeld my ervaring met daardie lewens-veranderende preek, soos in die Inleiding beskryf, as "bonatuurlik" kon beskryf? Of eerder as 'n doodgewone (!) erediens, waardeur die buitengewone vir my duideliker geword het?

ís doodgewoon buitengewoon, en buitengewoon doodgewoon. Immers, hy het *ons* mos lief, en ons het nié glinsterende stralekransies, of fladderende engelevlerkies nie. Altans, ek weet ék het nie...

Ons sê soms: "Ek is besig met die *geestelike* dinge van die Here." Wel, dis waarskynlik goed bedoel, maar sou ook kon dui op 'n misopvatting. Die Evangelie skeur nie genade en natuur só uitmekaar dat genade bo natuur (die gewone) geplaas word nie; die Evangelie openbaar juis die genade binne-in die natuur. Jy sou dit ook *inkarnasie* kon noem, oftewel die nabyheid – die teenwoordigheid – van die bonatuurlike in die natuurlike, van die ewige in die tydelike.

In die Ierse en Skotse Keltiese kultuur word daar soms van "dun plekke" ("thin places") gepraat. Daarmee word bedoel plekke waar die tydelike en die ewige só naby mekaar is dat die skeiding besonder "dun" is. Ek dink dat alle plekke dun is, dat die membraan tussen ons bestaan en die "anderkant" ragfyn, selfs poreus is.[36] Die ewige vloei voortdurend in die hede in, en die hede vloei voortdurend in die ewige in. Wanneer Paulus verklaar: *Die Here is naby*,[37] bedoel hy nie maar net dat die Here se terugkeer (wederkoms) naby is nie. Dis 'n veelsinnige nabyheid: Die Here het naby ons gekom in

---

36   'n Interessante, astrofisiese analogie hier is die bestaan van sogenaamde "wurmgate" ("wormholes") – iets wat alreeds deur Albert Einstein voorgestel is. Volgens hierdie hipotese is wurmgate 'n brug of tonnel wat 'n kortpad van een sektor van die kosmos na die ander moontlik maak. Die uitgangspunt hier is dat ruimte kan "skeur" en dan skeurfragmente veroorsaak wat tentakels kan groei wat aanhak by ander en só saamsmelt, dat 'n ruimtelike brug of tonnel gevorm word. Dis bloot 'n hipotese, maar astrofisies gesproke nie vergesog nie. Ook vir geloof in 'n God wat bo en binne alle y den ruimte is, is dit glad nie vergesog nie. Inteendeel. Dalk – net dalk – het teoloë hierdie kosmiese konneksie aangevoel, selfs lank voor die wetenskaplikes? Ek wonder maar net... Vir 'n uitgebreide bespreking van wurmgate, sien Brian Greene, *The Elegant Universe: Superstrings, Hidden Dimensions, and the Quest for the Ultimate Theory* (Londen: Vintage Books, 2000), 264-265.

37   Filippense 4:5.

Betlehem, en die Here se tweede koms is naby, maar die Here is nou, ook in hierdie oomblik, naby aan ons. Die membraan wat ons skei, is trouens al klaar weggeneem, so seker as wat die voorhangsel al klaar geskeur het...[38]

Ons is almal op pad na die dood, het ek vroeër gesê. Die dood ís ons toekoms, sou mens met sekerheid kon verklaar. Maar, wat is die dood? Hoe sou 'n mens dit kon beskryf?[39] As ons 'n definisie daarvan moes gee, hoe sou dit lui? Wel, sou jy kon vra, kán ons dit anders as in negatiewe terme doen? Die dood is immers die "groot finale" van die lewe, die einde van die pad, waar die finale stopteken op jou wag vanwaar daar geen uitweë meer loop nie. Dis die muur aan die einde van die doodloopstraat, 'n muur waarteen jy jou letterlik te pletter loop. Hier is daar geen deurkomkans nie, en ook geen omdraaikans nie. Die dood is die punt aan die einde van 'n sin, trouens, dis die punt aan die einde van die laaste sin van die laaste paragraaf van die laaste hoofstuk van jou lewensboek. Wat bly anders oor as om dit toe te maak? Eindpunt. Slotsom. Alles verby...

Jy, wat as baba jou eerste asem ingehaal het, blaas jou laaste asem uit. Dit sál gebeur.

Asem in.

Asem uit.

Fluit-fluit, jou storie is uit...

Dood is veral *skeiding*. Miskien is dit die pynlikste beskrywing wat ons daarvan kán gee. Dit beteken tog dat ek geskei word van alles wat aan my bekend was: my aardse bestaan, my vertroude omgewing, my familie en vriende, die moontlikhede en uitdagings van die lewe, die léwe...

Die lig word eenvoudig hierop afgeskakel – al wat oorbly is die donker nag van die niks. Die dood beteken die fisiologiese einde van my liggaam, die uitdoof van my bewussyn, die

---

38   Sien Lukas 23:45.

39   Wat volg is 'n ekserp uit Johan Cilliers, *In die Greep van God*, 284-287.

staking van my breinfunksies en my denkprosesse – hoe briljant hulle ook al eenmaal was. Kortom, alles wat ek was, alles wat ek ís, verskrompel in die verganklikheid weg, êrens in 'n afgemete hokkie in die grond, of in die as van 'n urn. Die silwerdraad is afgebreek en die goue kruik is stukkend gebreek.[40] Dis tog so finaal, hierdie afskeid, hierdie skeiding...

Skeiding? Maar... is daar nie ook 'n ander manier om hierna te kyk nie? Is daar nie 'n ander definisie moontlik nie? Kom ons luister weer na Paulus se woorde, sy oortuiging, waarby ons vroeër stilgestaan het:

> *Hiervan is ek oortuig: geen dood of lewe of engele of bose magte of teenswoordige of toekomstige dinge of kragte of hoogte of diepte of enigiets anders in die skepping kan ons van die liefde van God skei nie, die liefde wat daar is in Christus Jesus ons Here.*[41]

As niks ons van die liefde van God kan skei nie – nie dit wat ons in hierdie lewe, óf in die toekomstige lewe, óf selfs in die dood ervaar nie – dan beteken dit mos dat niks ons ook van die Lewe kan skei nie. Die dood is daarom nie die einde van die lewe nie, maar bloot 'n voortsetting daarvan. Die dood is nie 'n hopelose saak nie, maar, hoe teenstrydig dit ook al mag klink, gevul met hoop. Omdat die dood nie net die einde vir ons beteken nie, maar veral die begin, is dit in 'n sekere sin die hoogtepunt van ons lewe – en ek weet dat mens laasgenoemde nie ligtelik moet sê nie. Die Deense filosoof Søren Kierkegaard verwoord dit in elk geval só:

> *Menslik gesproke is die dood die laaste van alles; en menslik gesproke is daar net hoop solank daar lewe is. Maar Christelik verstaan is die dood geensins die laaste van alles nie, eerder net 'n klein gebeurtenis in dit wat alles is, dit wil sê die ewige lewe; en Christelik verstaan is daar in die dood veel meer hoop geset as wat daar in menslike sin in die*

---

40   Prediker 12:6.
41   Romeine 8:38, 39.

lewe gesetel is, selfs en veral ook wanneer hierdie lewe vol gesondheid en krag is.[42]

Die evangelie herskryf ons definisie van die dood. Dis nie (meer) die einde van die pad waar die finale stopteken op jou wag en daar geen verdere weë is nie, maar die begin van 'n nuwe pad. Dis hoogstens 'n toegeeteken, of 'n spoedwal wat jou spoed effens breek, maar dit dwing jou op geen manier tot stilstand nie. Dis nie 'n ondeurdringbare, klipharde muur waarteen jy jou te pletter loop aan die einde van die doodloopstraat nie, maar 'n ragdun muur waaragter die Here God met uitgestrekte arms op jou staan en wag. Dit wat ons van die heerlikheid van die ewigheid skei, is bloot 'n paar garingdraadjies. Die dood is nie 'n punt aan die einde van die sin nie, maar hoogstens 'n kommapunt; nie die laaste sin van die laaste paragraaf van die laaste hoofstuk van jou lewensboek nie, maar die eerste sin van die eerste paragraaf van die eerste hoofstuk van die nuwe boek wat God met jou oopmaak. Fluit-fluit, die storie begin!

Die dood is die voortsetting van jou ewige bestaan, met – mag ek dit maar só sê? – nuwe denkprosesse en breinfunksies, wanneer ons nie meer net gedeeltelik sal ken nie, maar ten volle, soos God ons reeds ten volle ken.[43] Dis die begin van 'n nuwe bewussyn, 'n nuwe lig wat oor ons aangeskakel word, nuwe moontlikhede wat vir ons oopgaan – soos ons dit hoegenaamd nie tydens hierdie lewe vir ons kon voorstel nie. Mag ek dit maar in die vorm van 'n gebed sê?

Here, ek het 'n bewussyn van baie dinge: Berge, bome, strome, lug. Ek het veral 'n bewussyn van U, want U het hierdie bewussyn aan my geskenk. Ek glo dat ek hierdie bewussyn nie deur die dood sal verloor nie – veral nie my bewussyn van U nie. U gee my tog nie oor aan die dood nie.[44] *Here, maak my tog bewus...*

---

42   Soos vertaal en aangehaal in Johan Cilliers, *Ons sal sterwe, ons sal lewe: Gedagtes oor verganklikheid en ewigheid* (Wellington: Barnabas, 2022), 26–27.

43   Vgl. 1 Korintiërs 13:12.

44   Psalm 16:10.

Nee, die dood is nie die blote verskrompeling in die verganklikheid weg, êrens in 'n afgemete hokkie in die grond, of in die as in die urn nie. Die graf en die urn is net maar aantrekhokkies waarin ons voorberei word, aangetrek word, uitgevat word vir die liefdesmaal van die ewigheid...

Die dood is veral nie *skeiding* nie, maar bloot *verskuiwing*, net 'n verandering van jou posisie in jou plasing voor God. God is by dié wat leef, en Hy bly by dié wat sterf. Dit beteken tog ook dat dié wat leef en dié wat sterf nie van mekaar geskei word nie, maar steeds deur die liefde van God aanmekaar gebind bly, nie waar nie? *Niks kan ons van die liefde van God skei nie – allermins die dood. Niks kan ons daarom van mekaar skei nie – allermins die dood.*

Niks – alweer daardie woord.[45]

En ja, niks beteken nog altyd niks, ook hier.

Rosamunde Pilcher skryf by geleentheid oor die dood en die ragfyn skeiding tussen ons en hulle wat gesterf het. Let op hoe sý die woord "niks" gebruik, as volg:

Die dood is niks. Dit tel nie. Ek het slegs weggeglip na die kamer langsaan. Niks het gebeur nie. Alles bly presies soos wat dit was. Ek is nog steeds ek, en jy is jy, en die ou lewe wat ons so vol liefde saam geleef het, is onaangeraak, onveranderd. Wat ons ook al vir mekaar was, is ons nog steeds. Roep my op my ou, bekende naam. Praat van my op die gemaklike manier waarop jy altyd gepraat het. Laat daar geen verskil in jou stemtoon wees nie. Moenie op 'n geforseerde manier somber of hartseer wees nie. Lag soos ons altyd gelag het vir die klein grappies wat ons saam geniet het. Speel, glimlag, dink aan my. Laat my naam vir altyd die huishoudelike naam wees wat dit was. Laat dit uitgespreek word sonder inspanning, sonder die geringste skadu daarop. Die lewe beteken alles wat dit altyd beteken het. Dit is dieselfde as wat dit altyd was. Daar is 'n absolute en ongebroke kontinuïteit. Wat is hierdie dood anders as 'n

---

45   Sien weer die bespreking in Hoostuk 1.

onbeduidende ongeluk? Waarom moet ek uit jou gedagtes wees net omdat ek uit jou sig is? Ek wag net op jou, vir 'n tussenpose, êrens baie naby, net om 'n hoek. Alles is wel.[46]

Mag ek maar vir 'n oomblik vanuit 'n astrofisiese perspektief mymer oor die poreuse karakter van die membraan tussen ons en die ewigheid?[47] Kom ons begin by energie. Volgens Einstein kan energie nie geskep of vernietig word nie; dit kan net 'n vormverwisseling ervaar. Energie kan dus nie doodgemaak word nie, dit sit altyd net oor in 'n ander gedaante − en dit gebeur deurgaans in die kosmos. Daar is dus, in hierdie sin, altyd 'n "hiernamaals". Dit, of wie, die lewe (energie) verloor, verkry dit weer − al is dit in 'n ander, nuwe gestalte. Ek dink onwillekeurig aan die woorde van Paulus, uitgespreek op die Areopagus, met die mees uitgelese filosowe van sy tyd as gehoor:[48]

Deur Hom (God) lewe ons, beweeg ons en bestaan ons.[49]

Paulus sluit hiermee by sommige van die denkrigtings van sy tyd aan, maar staan ook daarvan weg. Vir hom is God so naby dat ons in Hom is, en "in" hierdie God is daar altyd lewensenergie, bewegingsenergie, bestaansenergie. Die dinamiek van hierdie beweging is egter nie bloot kosmies, koud en klinies nie. Die (kinetiese) energie wat ons voortdurend laat "beweeg", en telkens transformeer is warm, lewensgewend, persoonlik.

Ek dink aan die woorde van Jesus self:

---

46   Rosamunde Pilcher, 1990, September, 70.
47   Ek is uiteraard nie 'n astrofisikus nie. Ek is egter van mening dat daar nie onoorkomelike spanningsvelde tussen geloof en wetenskap hoef te bestaan nie. Maar dis 'n onderwerp vir 'n ander, of liewer vele, boeke.
48   In werklikheid was dit nie Paulus se eie woorde nie, maar waarskynlik 'n aanhaling van die filosoof Epimenides wat 600 v.C. geleef het. Paulus se toehoorders op die Areopagus was die Epikuriërs en die Stoïsyne.
49   Handelinge 17:28.

*Wie in My glo, sal lewe, al sterwe hy ook; en elkeen wat lewe
en in my glo, sal in alle ewigheid nooit sterwe nie.*[50]

Kan dit meer persoonlik wees as dit? Dis 'n Persoon wat
met 'n persoon praat; 'n Persoon wat met 'n persoon in 'n
verhouding tree; 'n Persoon wat 'n persoon uit die dood laat
opstaan. Ontbinding – die dood – is 'n goddelike proses; maar
verbinding – die lewe – ook. Die Persoon van God staan self
daarvoor in. Die hart van die kosmos, of eerder: die bedoeling
van God met ons klop persoonlik, menslik, warm, barmhartig,
en vol liefde – om ons (voortdurend, ewig) te laat lewe.[51]

Hierdie prosesse van ontbinding en verbinding kan in 'n
(aardse) oogwink gebeur, of in 'n (kosmiese) moment. Dit kan
'n ewigheid duur, eers gebeur wanneer tyd nie meer bestaan
nie – altans soos wat ons tans die konsep "tyd" verstaan – of
dit kan "slegs" 'n paar miljoen jaar neem om plaas te vind.
Maar ons is deel daarvan. Ons klein en kort bestaan is deel van
'n groter geheel. Aardse koninkryke, nasies en kontinente kan
kom en gaan; kosmiese konstellasies kan skud en skuif – maar
daar sal 'n "hiernamaals" wees.

Ons sal sterwe.

Ons sal lewe.

Lank na jou, Suid-Afrika.

Kom ons neem dit nog 'n bietjie (of dalk baie) verder.
Volgens die huidige astrofisiese kennis[52] bestaan alles wat
bestaan uit minuskule stringetjies wat soos membrane
opgekrul lê en met energie vibreer. Alles wat bestaan, kry
hulle unieke identiteit uit die wyse waarop hierdie stringetjies
gevorm is en vibreer. En die verstommende is dit: hierdie
eienskappe skep meer dimensies as wat ons tot dusver
vermoed het sou kon bestaan. Daar is dus nie net lengte en
breedte en diepte en tyd (wat ook as dimensie aanvaar word,

---

50   Johannes 11:25-26.
51   Sien die bespreking van "liefde" in die Slotsom.
52   Of eerder: Soos blyk uit die huidige debat tussen Albert
      Einstein se teorie van algemene relatiwiteit en kwantum
      meganika. Sien Greene, *The Elegant Universe*, 3-22.

omdat dit in ruimte kan buig), dit wil sê vier dimensies nie, maar – sover ons tans weet – tien of elf, of waarskynlik baie meer. Die punt is: daar is meer ruimtes en tye as wat ons met ons plasing en posisie op die planeet aarde kan waarneem.[53] Daar is 'n "anderkant", of eerder: "anderkante"

Ek sou dit die Vaderhuis met sy baie woonplek wou noem...[54]

Weet ons hoe die "nuwe energie" ná die goddelike prosesse van ontbinding en verbinding sal lyk? In watter dimensies dié nuwe energie sal vibreer? Ons moet sekerlik nie spekuleer nie, maar ek sou tog wou glo en hoop dat dit met 'n *beliggaamde bewussyn* gepaard sal gaan – dat ons as meer as net 'n herinnering, selfs in die groot gedagte van God, sal bly voortbestaan. Eerder met 'n nuwe liggaam en 'n nuwe bewussyn – wat ten volle leef en volkome verstaan; wat vibreer met verheerliking – van God. En, as daar beliggaamde bewussyn is, sekerlik ook *beliggaamde samesyn?*

Altans, dis wat ek dink.

Wat dink jy?

Ek is verganklik. Jy is verganklik. Die gedagte dat daar eenmaal 'n tyd was toe ons nie bestaan het nie mag dalk vir sommige mense ontstellend wees, jou selfs opstandig maak. Die werklikheid dat daar 'n dag sal kom wanneer ons nie meer sal wees nie, is (dalk) vir party selfs meer ontstellend. Ek was eenmaal nie daar (of hier) nie, en ek sal ook eenmaal nie meer daar (of hier) wees nie. Dit noem ons verganklikheid. Hierdie wete mag mens uiters onrustig maak, maar dit kan jou ook diep dankbaar stem – omdat jy begin verstaan dat wat ons gegun word tussen hierdie pole van verganklikheid, louter

---

53   Hierdie is uiteraard 'n baie gereduseerde weergawe van die sogenaamde "string theory". Dit bied fassinerende leesstof vir verdere nadenke. Vergelyk byvoorbeeld John Gribbin, *In Search of Superstrings. Symmetry, Membranes and the Theory of Everything* (Cambridge: Icon Books, 2007): John Gribbin, *In Search of the Multiverse* (London: Penguin Books, 2010), om slegs enkele bronne te noem.

54   Vgl. Johannes 14:2.

genade is. Verganklikheid en dankbaarheid is twee sye van dieselfde muntstuk, of kan dit word en wees.

Alles wat ek het, alle (goeie) dinge wat ek in my bestaan ontvang, is nie vanselfsprekend nie. Dit het my al baie laat wonder: Hoeveel van die kosmologiese voorraad mag ek tydens my tyd, hier en nou, verbruik? Hoe groot en diep mag die ekologiese voetspoor wees wat ek trap en nalaat? Ek onthou een gesprek uit my studentedae in Heidelberg baie goed. Ons was 'n klomp jongmense, woonagtig in 'n internasionale koshuis, en ons het gereeld tafeltennis in die kelderverdieping gespeel.[55] Een aand breek daar toe 'n hewige argument tussen die Duitsers en die Suid-Koreane uit, oor, kan jy glo – of dit regverdigbaar kan wees om twee biere te drink? Dink aan die hongersnood, aan die armoede en ellende van miljoene, het die Suid-Koreane aangevoer – en hier speel ons lekker tafeltennis, en drink (baie) bier, altans, veral die Duitsers. Die argumente het heen en weer gegaan, byna soos die tafeltennisbal tydens 'n spel. Wel, ek moet hier rapporteer dat die Duitsers hierdie skermutseling gewen het. Loshande. Ek vermoed hulle drink nog steeds meer as net een bier...

Die punt is: Ons word so baie gegun – en ek weet ek praat hier as 'n bevoorregte mens. God gun ons baie. Uit sy hand kom net wat mooi en goed is;[56] selfs oorvloedig is. Dink maar net aan die bruilof by Kana.[57] Seshonderd liter (baie goeie) wyn? Meer as 'n halwe ton? Waarom? Vir wie? Menige vroom teoloog se "teologie" sou net daar sneuwel. Meeste moraliste sou met moeite by hierdie maal, saam met Jesus, kon aansit. Maar so is dit – God is nie snoep en suinig nie. Maar sy goeie gawes is ook baie meer as net dinge; dis God sélf wat ons lewens volmaak, al het jy dan minder dinge, of niks. Vra maar vir Job wat 'n "vol lewe" nou eintlik beteken.[58] Al kan jy nie een bier bekostig nie.

---

55 Ökumenisches Wohnheim Heidelberg, Duitsland, geleë in Plankengasse 3.

56 Psalm 16:11.

57 Johannes 2:1-12.

58 Job 42:17.

Die lewe is 'n gawe. God gee dit. Gryp dit aan. As verganklike. En wees dankbaar.

Dis na my mening egter nie net ons verganklikheid wat die poreuse karakter van die membraan tussen ons en die ewigheid duideliker maak nie – alle ervarings op die grense van ons bestaan beskik oor hierdie potensiaal. Neem byvoorbeeld die geboorte van 'n kind – dié gawe van lewe, in doeke toegedraai. Waar word die ineenvloei van tyd en ewigheid meer sigbaar as wanneer 'n nuwe lewe sy en haar opwagting maak? Die geboorte van ons tweeling op 5 Februarie 1991 was vir my só 'n oomblik as ewigheid. Ek het kort daarna (probeer om) 'n gedig oor hulle geboorte-oomblik te skryf:[59]

Geboorte

Uit

'n wêreld

van

lig en chromosome

het jul

my donker

binnegekom

ek

kon inkyk

in die tydlose

deur

handjies, trane

en tone

So, "sien" ons waarheen ons op pad is? Ons is op pad in die ewigheid in, in elke alledaagse ruimte wat ons betree, en in elke oomblik wat ons "nou" noem. Nou "is" die toekoms, en die toekoms "is" nou. Ons leef in hierdie voortdurende tussenspel van die temporele en die ewige. Ons neig egter daartoe om die ewige mis te loop, eenvoudig omdat ons die

---

59   Die gedig is op 6 Februarie 1991 geskryf.

gawe van ewigheid-glimpe nie verstaan nie, of gewoon net nie wil ontvang nie. Ons verkies eerder om die oomblik bloot as net nóg 'n oomblik te ervaar, soms selfs so vinnig as moontlik agter die rug te kry, en begryp nie dat daar 'n oneindige verband tussen tyd en ewigheid bestaan nie...

Kom ons hoor weer wat die Deense denker, Søren Kierkegaard, hieroor sê. Hy druk hierdie "oneindige verband" op sy kenmerkende manier uit:

> *Die hede is die ewige, of eerder: die ewige is die hede, en die hede is vol... As ons dit só verstaan, is die oomblik nie bloot 'n atoom van tyd nie, maar 'n atoom van ewigheid... Die oomblik is daardie dubbelsinnige moment waarin tyd en ewigheid aan mekaar raak... waarin tyd voortdurend die ewigheid deurkruis en die ewigheid voortdurend die tyd vul... Die konsep waaromheen alles in die Christendom draai, wat alle dinge nuut maak, is die volheid van die tyd, is die oomblik as ewigheid, en tog is hierdie ewigheid terselfdertyd ook die toekoms en die verlede.*[60]

Tyd – die hede – is nie slegs, of selfs hoofsaaklik, die atome van momente wat voortdurend verbyvliet nie; dit is eerder oomblikke as ewigheid, wat voortdurend inbreek, in die hede in. Ek noem hierdie inbrekende oomblikke as ewigheid: genade. In al sy volheid: genade op genade.

Voorheen het ek gesê dat die fragmente van jou bestaan só oorweldigend kan word dat niks meer "sin maak" nie. Dan sug jy:

---

60   "The present is the eternal, or rather the eternal is the present, and the present is full... Thus understood, the instant is not properly an atom of time but an atom of eternity...The instant is that ambiguous moment in which time and eternity touch one another, thereby positing *the temporal*, where time is constantly intersecting eternity and eternity constantly permeating time...The concept around which everything turns in Christianity, the concept which makes all things new, is the fullness of time, is the instant as eternity, and yet this eternity is at once the future and the past." Søren Kierkegaard, 1967, *The Concept of Dread*, 77–81.

Ek wil nie langer hier wees nie. Nie nou nie.[61]

Om onder die sterrehemel in die Karoo te gaan sit, help, het ek ook gesê – altans vir my. Daar word ek daaraan herinner dat die skone chaos van die kosmos, waarvan ek en jy deel is, die potensiaal van 'n nuwe begin, van opstanding, inhou. Kan ek maar byvoeg: Daar kan ons ook onthou dat daar 'n Ster bo Betlehem was, anders as alle ander sterre. En, mag ek in hierdie verband maar weer 'n keer speel – peuter, inderdaad – met die woorde van Leonardo da Vinci: "Hy wie se lot aan 'n ster verbind is, keer nooit terug op sy skrede nie."[62]

Waarskynlik het Da Vinci daarmee bedoel dat ons 'n hoë roeping het. Dat mens hoog moet mik. Dis alles waar. Ek verstaan dit so: ons lot, ons blye lot, is wel aan die ster bo Bethlehem verbind. Daarom keer ons nie terug op ons ou, sondige bestaan nie – ons trap nie meer in daardie spore nie. Maar, aan die ander kant – ons keer tog terug op ons spore, wel nuwe spore, hierdie keer op die nuwe aarde, wat onder die nuwe hemel gevorm gaan word.[63] Dit sal die gevolg wees van die grootste transformasie van energie van alle tye; die aanbreek van die "hiernamaals" soos nooit tevore.

Wensdenkery? In 'n merkwaardige boek, geskryf deur een van die briljantste Suid-Afrikaners en wetenskaplikes van sy tyd, Pierre Haarhoff, en geïllustreer deur een van die bekendste kunstenaars van sy tyd, Vader Frans Claerhout, word daar op grond van astrofisiese wetenskap gepraat van die kosmiese ondergang van die heelal, met dinamika en kragte wat ons ons nie kan voorstel nie. Maar dan ook die begin van 'n nuwe kosmos, wanneer "die heelal weer saamgevoeg word in die bron waaruit dit ontspring het. Op hierdie (kosmiese JC) oomblik stort dit deur die middelpunt om uit te skiet in 'n nuwe heelal – 'n heelal met 'n nuwe toekoms en nuwe kinders."[64]

---

61   Sien weer die bespreking in Hoofstuk 1.
62   Sien die bespreking in Hoofstuk 1.
63   Openbaring 21:1.
64   Pierre Haarhoff en Frans Claerhout, *Skeppingsverhaal* (Kaapstad: Human en Rousseau, 1991), 38. Haarhoff was 'n meganiese ingenieur wat gespesialiseer het in molekulêre fisika, Vader Claerhout 'n Belg wat jare lank as Rooms-

'n Nuwe aarde, onder 'n nuwe hemel. Die eerste hemel en die eerste aarde het verdwyn. Die dinge van vroeër het verbygegaan...[65]

En ons sal daar wees, met beliggaamde bewussyn, en beliggaamde samesyn, reg om nuwe spore te trap... omdat 'n Begin en Voleinder reeds vooruit vir ons spore gelaat het om in te trap.[66]

Die antwoord op ons verlangens en versugting na sin is daarom nie nét om onder die sterre in die Karoo te sit nie, maar ook onder die Betlehem-ster; nie net om blinkoog voor die grootsheid van die kosmos te staan nie, maar ook oop-oog voor die Kruis, en die leë graf van Christus. Stof is ons, en tot stof sal ons terugkeer, beslis. Ster-stof is ons ook, ja. Maar ons is veral opstanding-stof; stof tot opstanding – "in" Christus. Die opstanding van Christus is die keerpunt van die ou aarde, en die konsentrasie van die nuwe; dit is die vooruitgrype op, en die aanbreek van, die nuwe aarde onder 'n nuwe hemel.

Daarom – veral as jy wil ondergaan in jou twyfel – moet jy vir jouself oor en oor sê, of eerder die goeie nuus aanhoor:

Ek is hier, nou – in Christus.

Met genade wat in oomblikke as ewigheid in die hede inbreek, het ek inderdaad nie 'n vae, "tydlose" abstraksie in gedagte nie. Hierdie genade op genade word aan ons deur Christus gegee. Genade en waarheid het deur Christus gekom.[67] Alles – álles – wentel om hierdie spilpunt: Christus.

In die volheid van die tyd het die *Christus-oomblik* plaasgevind – sy geboorte, dood, opstanding, hemelvaart – en dit hou aan plaasvind in elke oomblik as ewigheid wat voortdurend as genade op genade in die hede inbreek. Ons is nie slegs besig om "vorentoe" na 'n toekoms te beweeg nie (dit

---

Katolieke sendeling in Suid-Afrika werksaam was. Die boek verteenwoordig 'n wedersyds verrykende gesprek tussen wetenskap, religie, en estetika.

65   Vgl. Openbaring 21:1, 4.
66   Vgl. Hebreërs 12:2.
67   Johannes 1:16.

natuurlik ook), maar "binnetoe" – in Christus in. Die ganse kosmos is voortdurend onderweg, voortdurend besig om in die finale vervulling in Christus in te gaan. Alles wat was, is, of sal wees, is voortdurend besig om saamgetrek te word in hierdie volheid (*pleroma*), hierdie uiteindelike vereniging van alle dinge – in die Kosmiese Christus.[68]

Ek praat van die "Christus-oomblik", en dit vra verdere verheldering. Christus se geboorte, dood, opstanding en hemelvaart was almal historiese, dit wil sê temporele, gebeurtenisse. En tog was dit tegelykertyd ook oomblikke as ewigheid – wat ons in Christus ingevoer het, en steeds doen.

Normaalweg, wanneer ons oor ons "wese" of "bestaan" praat, in besonder op 'n wetenskaplike en/of filosofiese wyse, gebruik ons die term *ontologie*. Hierdie term is saamgestel uit die Griekse woorde ὄντος ("wese; dit wat is"), en λογία ("logiese diskoers"). Wanneer ek egter oor ons wese "in Christus" praat, verkies ek die woord *intologie*.

Hierdie term – intologie – resoneer met die huidige "netwerk-samelewing", waarin almal en alles (alle bekende kennis) ingebring word in 'n nuwe, tegnologiese ruimte en realiteit.[69] Die woord "into", wat ook teruggevoer kan word na die Griekse taal (εἰς), dui op die dinamika van 'n ingang in, en tot, ruimte en tyd – om 'n doel te vervul en 'n resultaat te bereik. Dit beteken letterlik: momentum van ingang, penetrasie, vereniging, met die oog op 'n bepaalde doel of resultaat.

In my gebruik van die woord intologie gaan dit nie in die eerste plek om 'n filosofiese en/of wetenskaplike refleksie oor ontologie (die algemene betekenis van ons bestaan) nie – alhoewel dit uiteraard nie uitgesluit is nie – maar oor die oomblikke as ewigheid, wat die opname in, en toegang tot, ons bestaan "in" Christus bewerkstellig.

---

68   Vgl. die gedagtegang van Teilhard de Chardin in hierdie verband, uitgebreid beskryf in sy boek, *Christianity and Evolution*, 1977.

69   Ek kon ten minste een IT-maatskappy opspoor, in die omgewing van Durham, Brittanje, wat die naam *Intology* dra.

Ek besef dat die gedagte van "ingaan in" of "toegang tot" bepaalde beperkings inhou, aangesien dit ook ruimtelike, en daarom temporele konsepte is. Maar, miskien is dit juis die punt: Die ewigheid gaan nie by ruimte en tyd verby nie, maar penetreer en transendeer dit tegelykertyd – "as" ewigheid.

Ons is hier, na my mening, by een van die diepste – en troosrykste – geheimenisse wat ons kán teëkom op ons pad as sinsoekers. Om *oomblikke as ewigheid* te ervaar – "in" Christus. Ek wil probeer om dit in woorde uit te spel – welwetende dat woorde, veral hier, nooit genoeg sal wees nie. *Oomblikke as ewigheid* sou, in hierdie spesifiek Christelike sin, op ten minste drie vlakke verstaan kon word.

Eerstens: Nie alleen het God ons ruimte deur die vleeswording van Jesus betree nie, maar ons het ook die ruimte van God betree deur die opstanding en hemelvaart van Jesus. Ons lyding is opgeneem "in" Christus; dit het nou deel van God se Wese geword. Ons (lydings-)geskiedenis is nou deel van God se (lydings-)geskiedenis. God dra ons lyding op só 'n manier dat dit deel word van Wie God is. God is kwesbaar, en is gekwes – deur ons lyding. Ons dra nie meer ons lyding alleen nie.

God is wel ewig – "Ek is wat Ek is".[70]

Maar dit beteken: God wat was, sal wees, is – ook nou, hier, midde-in ons lyding.

Lank voordat ons dit kon sê, het God reeds gesê:

Ek is hier, nou.[71]

Daarmee neem God ons lyding in sy eie geskiedenis op...

Hierdie gedagte – dat God ons lyding in sy Wese opneem, en dat sy Wese selfs deur ons lyding "bepaal" word – is inderdaad iets waaroor ons net kan stamel. Dit kan, en moet in elk geval op geen manier verwar word met 'n geromantiseerde

---

70 Eksodus 3:14.
71 Sien weer die bespreking in die Inleiding, en ook in die Slotsom.

siening van lyding, soos byvoorbeeld uitgedruk in frases soos die volgende nie:

"God het gekom om die mooiste blom in sy tuin te pluk", of

"God kies hulle uit van wie God weet dat hulle sterk genoeg sal wees om die lyding te dra."

Sulke soort pogings tot troos mag welmenend wees, maar dit verklap 'n Godsbeeld wat ver weg van lyding staan. Nee. God gaan onder in ons lyding – tot in die graf. Wie wil in elk geval uit die lewe gepluk word, selfs as die mooiste blom? En wie wil nou regtig uitgekies word om, deur pyn en lyding heen, as voorbeelde te dien van buitengewone vroomheid, en toegewyde "sterkte"?

Dalk jy. Ek dink nie ek wil nie. Want ek dink nie ek kan nie.

Ons moet eerder veronderstel dat alle lyding, ook al die onopgeloste raaisels wat te make het met hierdie lyding, alle katastrofes wat hierdie aarde en almal daarop al getref het en steeds tref, "opgeneem" en "ingeneem" is in die Wese van God. Auschwitz het deel van God se "DNS" geword; Hirosjima deel van God se "anatomie"; elke Covid-19-slagoffer, sterwend vanweë asemnood, word deel van God se "geskiedenis"; elke kind wat sterf van honger, word deel van God se vesel wat roep om troos en versorging. Elke boemelaar, wat voor my huis kom staan, word 'n gestalte van God – in wie se gesig ek té dikwels my deur toemaak.

Maar die konsep van intologie het ook 'n tweede dimensie. Nie alleen word ons lyding in die Wese van God opgeneem nie; God se toekoms word ook in ons hede "ingebring". Ons ruimte in tyd en ons tyd in ruimte word gevul met toekoms, met die verrassende nuutheid van God se bedoeling om ons tyd en ruimte tot vervulling te bring, tot die triomf van God se uiteindelike mikpunt met ons.

God (se toekoms) is teenwoordig – "Ek is hier, nou".

Maar hoe is God teenwoordig?

God is teenwoordig as Kwesbare; God is ook teenwoordig as Vervulling.

Hierdie teenwoordigheid – hierdie oomblik as ewigheid – dui op 'n ruimte en tyd tussen kwesbaarheid en vervulling, tussen fragment en volheid, tussen onvolmaaktheid en volmaaktheid – inderdaad, dit dui op die tussen-in ruimtes en tye van 'n paradoksale nou (*praesentia paradoxia*), wat kenmerkend is van die samespel tussen die temporele en die ewige.[72]

Dit beteken, onder andere, dat alhoewel ons lyding in God se Wese opgeneem word, en alhoewel God se toekoms in ons hede ingebring word, ons geen beheer oor hierdie bewegings het nie, net soos wat ons geen beheer oor God het nie, en ook nie genade kan manipuleer nie. Ons kan God of God se genade nie vasvang in enige "ysterteologie", of kerklike belydenis, of dogmatiese "standpunt" nie. Ons weet maar alte goed dat standpunte gou tot standbeelde stol – opgerig en ingewy deur een of ander "teologiese" proklamasie, met die bedoeling dat dit vir ewig moet hou.[73]

Ons sou eerder saam met Michel Serres, die Franse filosoof, moes sê dat daar eintlik net een "ewige standbeeld" in die geskiedenis kan wees, 'n standbeeld wat alle ander standbeelde dekonstrueer, naamlik die oop graf van Christus. Die beweging van Christus van dood tot lewe transformeer alle standbeelde tot klippe wat weggerol word van hulle vaste plekke. Die klip voor Christus se graf is weggerol, en die opgestane Christus beweeg nou deur die lewe, skenk nou aan ons oomblikke as ewigheid, waarin ons die genade ontvang om in hierdie lewende Christus "ingebring" te word.[74]

Maar derdens, en belangrik: Om in Christus ingebring te word, beteken op geen manier dat ons uit die lewe "uitgehaal"

---

72   Vgl. Johan Cilliers, *Between Fragment and Between Fragments and Fullness: Worshipping in the in-between spaces of Africa*, 1-6.

73   Vir 'n bespreking van "Ysterteologie", sien Johan Cilliers en Charles Campbell, *Preaching Fools*, 44v.

74   Michel Serres, *Statues: The Second Book of Foundations*, 226.

word nie. Intologie negeer nie ontologie nie, maar bring dit eerder tot rypheid. Ons word in Christus ingebring, sodat ons (opnuut weer) teruggebring word in die lewe. Intologie beteken om op só 'n manier in Christus te wees, dat ons tegelykertyd ook voluit en waarlik in die lewe is. Het Christus nie juis gekom dat ons lewe, en dit in oorvloed, kan hê nie?[75] Hierdie visie van om "in Christus te wees" is nie gerig op 'n hemelpastei hiernamaals nie, maar op die vreugde van (hier) die lewe; op die dankbaarheid om my daaglikse brood, as gawe van God op hierdie aarde, onder die son, te eet en te geniet. Ons word teruggebring aarde toe, sodat ons kan dans vanweë die vreugde van die lewe, op die musiek van die genade – soos ons ook al by die Prediker geleer het.[76]

So, waarheen is ons op pad? Wat myself betref, het ek antwoorde probeer vind in 'n tema wat ek ook al in verskillende weergawes oor baie jare geskilder het – sonder om aanvanklik te weet dat dit 'n uitdrukking was van my eie soeke na sin in die lewe. Een van hierdie skilderye (soos uitgebeeld in Illustrasie 8) sou waarskynlik op ander maniere as wat ek hier voorstel geïnterpreteer kon word.

Op 'n eerste vlak verteenwoordig hierdie skildery bloot my verlange om terug te keer na my oorspronge – 'n plek wat as die Karoo bekend staan, en strek oor 'n groot gedeelte van die sentrale binneland van Suid-Afrika. Dit is 'n semi-woestynagtige, dor en droë deel van die land, met wye en oop ruimtes, asemrowende sonsondergange, en aangrypende naghemele, met die maan en sterre en melkweg wat op 'n helder aand (wat meeste van die tye so is, vanweë die droë lug) skitterend strek van horison tot horison.

Op 'n dieper vlak illustreer dit die feit dat ek, soos alle mense, ook van sekere dinge wou "ontsnap", om my wandelstok op te tel en te begin loop op die grondpad in die rigting van die verafgeleë berge; om langs die pad te stop om met die trop skape (ook te sien in die skildery; die primêre vorm van boerdery in die Karoo) te praat, en om tot rus te kom

---

75   Vgl. Johannes 10:10.
76   Sien weer die meditasie aan die einde van Hoofstuk 1.

in die dorpie met sy aardse, behulpsame mense. Die kamer van waaruit ek kyk, lyk veilig, maar dit herinner tog ook aan 'n kliniese ruimte, wat my verhinder om uitwaarts en voorwaarts te beweeg.

Illustrasie 8: *Ingang tot Lewe* (2001)
Johan Cilliers

Ek het gewonder waarom ek 'n enkele paaltjie, of hak, wat uitsteek by die muur (regs, bo) geskilder het? Daar hang niks daaraan nie. Dit lyk asof dit geen doel dien nie, behalwe miskien om 'n bietjie perspektief en skadu te skep. Sou dit 'n aanduiding kon wees dat niks eintlik in hierdie kamer (lewe) opgehang kan word, soos 'n baadjie of jas wanneer jy tuiskom nie? Ek weet nie.

Sonder die oop deur sou die kamer baie soos 'n tronksel gewees het. Die son wat inskyn en sy lig op die grond laat val, asook die pad wat wink en die oop en vry ruimtes van die Karoo "anderkant" dit, sou nie daar gewees het nie. Ook nie die wandelstok wat wag om opgetel te word nie. Nou egter, met die oop deur, hou dit die belofte in van uitbeweeg, van bevryding, van tuiskoms – elders.

Die skildery simboliseer die beperkinge (die kamer) waarin ek myself van tyd tot tyd bevind – nie noodwendig 'n lelike kamer nie, selfs versier met 'n kandelaar, wat 'n aanduiding van bevoorregting, selfs die luukse kan wees, in vergelyking met ander "kamers" waarin mense hulleself as opgesluit beleef.

Maar daar is selfs 'n dieper dimensie, wat ek self nou eers terugskouend besef.[77] Die ervarings van "gevange wees" tussen inperkende mure, maar ook die "oomblik" waarin die wandelstok opgetel en die reis om tuis te kom begin, herhaal homself dwarsdeur die (my) lewe. Ons word voortdurend in die Lewe "ingebring" – en dit gebeur in oomblikke as ewigheid. Die toekoms (die verafgeleë berge en dorp; die "Nuwe Jerusalem"?) skyn voortdurend in ons ervarings van gevangenskap in, so seker as wat die son in die skildery by die kamer inskyn. Inderdaad: Die toekoms is nou, en nou is die toekoms.

---

77 Hierdie skildery is as 'n geheel voltooi gedurende 2001. Op daardie tydstip het ek geen kennis gedra van, of die bedoeling gehad om hierdie interpretasies te skep wat ek nou aan die skildery gee nie. Ek ontdek nou "betekenis" wat weggesteek was, of liewer: die hele tyd daar was, oop en bloot, wagtend om gesien te word, met die "knip van 'n oog".

En, wat beteken hierdie "toekoms-nou"? In terme van die struktuur van hierdie boek sou ek sê: om ten volle te ken – selfs al ken ons nou net gedeeltelik. Hierdie stelling is natuurlik, soos reeds vermeld, paradoksaal, maar kan ons oor die toekoms-wat-nou-is op enige ander manier praat? Ons verlaat voortdurend ons enklawes, en stap met die pad af, soekend, sonder om ten volle te weet, en voortdurend kom Iemand ons tegemoet, word ons op die pad ontmoet en geroep, en is daardie Iemand by ons op só 'n manier dat ons harte warm word en ons duideliker sien, asof ons Emmausgangers is.[78]

Wat 'n gedagte: In sulke oomblikke as ewigheid sien ons, net "soos" God sien, kyk ons oor en dwarsdeur die heelal, oor en deur alles wat was, is, of sal wees – met volle kennis en begrip. En dan bevind ons ons weer terug binne die parameters van ons gedeeltelike kennis, gevul met die verlange om tog net (weer) daardie wandelstok op te tel, en op daardie pad te begin loop...

Kom ek verwoord dit op 'n ander manier: Die Teenwoordigheid van die komende Een (oftewel *Advent* in die Christelike sin van die woord) vind voortdurend plaas binne die enklawes van ons lewenskamers, skenk alreeds aan ons die genade om uit te stap op die pad in die rigting van volledige kennis. Dit mag weggesteek wees, maar dit ís daar, gereed om ontdek te word as ons maar net die oë daarvoor gehad het. Al wat nodig is, soos Kierkegaard tereg opgemerk het, is die regte "oogwink", die kuns van kyk, wat hierdie oomblik as ewigheid onderskei...

Die "sleutel" hiertoe, 'n sleutel wat letterlik die deur oopsluit, kan ook in die skildery self gesien word, weggesteek in die impressionistiese, miniatuur skildery-in-die-skildery wat teen die linkermuur hang. Die betekenis van hierdie "sleutel" het ek self eers, tot my eie verbasing, baie jare daarna in my eie skildery gesien, en begin verstaan waarom ek dit (instinktief?) destyds só geskilder het.

---

78   Vgl. Lukas 24:13-35.

By nadere beskouing blyk dit dat hierdie miniatuur skildery 'n replika is van die groter skildery self, maar sonder die beperkende mure. Net die oop pad, troppie skape, veraf berge, en klein dorpie kan gesien word. Dit is die uitsig van iemand wat alreeds uit die kamer gestap het, deur die ingang tot die Lewe, en alreeds buite staan, op die pad wat lei na hierdie Lewe...

Die miniatuur skildery is wel 'n impressionistiese weergawe van die groter skildery, maar daar is ook 'n verskil. As mens fyner kyk, sien jy drie kruise op die veraf berge – 'n herinnering aan, en heenwysing na, die kruisiging van Christus (sien Illustrasie 9). Dit verteenwoordig die "Christus-oomblik as ewigheid", die "toekoms-nou" wat in werklikheid alreeds die deur na die Lewe oopgemaak het, en dit steeds voortdurend oopmaak, om ons uit te nooi om in ons toekoms "in te stap". Die titel van die skildery, "Ingang tot Lewe", dui op 'n selfstandige naamwoord, maar impliseer ook 'n werkwoord: Christus is die Deur, en ons stap ook deur hierdie Deur...[79]

Dit is vanweë (die genade op genade van) *hierdie* Deur, *hierdie* "Christus-oomblik as ewigheid", dat die lig inskyn in ons enklawes, dat die Weg voor ons geopen word, dat die wandelstok op ons wag. Maar wag, knip jou oë en kyk weer 'n keer: Dalk is die wandelstok 'n herinnering dat ons deel is van daardie troppie skape wat langs die pad wei, versorg en bewaak en gelei deur die Herder se Staf. Dalk is dit die Staf wat daar in die Deur staan – reg voor ons oë – as 'n teken waar, en aan Wie, ons behoort, en dat ons nooit dié Pad alleen stap nie...

Dit is waar: Ons weet nie *wat* die toekoms inhou nie, maar ons weet wel *waarheen* die toekoms op pad is. Of, weet ons? So dikwels lewe ons in die verwagting van dinge wat moet kom, wat nie vertrou kan word nie. So dikwels het ons 'n vertroebelde sin vir *Advent* – wag ons vir die verkeerde "een" om te kom...

---

79   Sien Johannes 10:7, 9.

Illustrasie 9: Detail: *Ingang tot Lewe* (2001)
Johan Cilliers

Ek het eenmaal die volgende storie gehoor, wat dalk te goed is om waar te wees – of dalk só goed, dat dit net waar kan wees?

Die inwoners van 'n klein dorpie het een oggend wakker geword, en kyk, op elke lamppaal was daar 'n plakkaat geplak wat luidkeels verkondig het:

HY KOM!

Saterdag, 1 April

Stadsaal: 7:00 nm.

Niemand het geweet wie hierdie plakkate opgesit het nie, en die mense van die dorpie het begin praat, spekuleer, en natuurlik, skinder. Was dit een of ander belangrike politikus wat ons dorp gaan besoek? Dalk selfs die President? Of dalk 'n beroemde popster? Dít sou wonderlik wees, aangesien ons hier juis so ver weg van alles af is...

So, Saterdag 1 April het aangebreek, die mense het opgestaan, en tot hulle verbasing sien hulle dat al die plakkate vervang is met nuwes — opgesit op elke denkbare en beskikbare plek vir reklame. Hierdie een het gelees:

HY IS HIER!

Stadsaal: 7:00 nm.

Vanaand

Jy kan jou die opgewondenheid van die mense voorstel, die gedruis van opinies wat deur die gemeenskap opgeklink het. Dit alles nog aangeblaas deur die feit dat niemand kon vasstel, of wou verklap, wat of wie nou eintlik die bron van hierdie aankondiging van hierdie geheimenisvolle koms sou wees nie. 'n Uur voor die tyd het die dorpsmense na die stadsaal begin stroom. Sommer gou was dit stampvol. Afwagting het die lug gevul soos 'n swaar lading elektrisiteit. Ná wat gevoel het soos 'n ewigheid, het die horlosie sewe uur geslaan. Die stadsaal se ligte is verdoof. 'n Drom het dramaties begin roffel. Die gordyne het begin oopgaan, pynlik stadig. Nog steeds donkerte. Toe word 'n kollig aangeslaan, die verhoog helder verlig.

Die mense het na hulle asems gesnak. Sommige het uitroepe van verbasing en ongeloof gegee. Party het gevloek. 'n Paar het gelag.

Op die verhoog was 'n plakkaat, netjies vasgemaak aan wat soos 'n lamppaal gelyk het. Daarop het gestaan:

HY IS WEG!

Dit was al.

Ek weet nie wat die uitkoms van hierdie verhaal was nie, maar ek kan aan 'n paar moontlikhede dink, party problematies (veral vir die poetsbakkers!), party prettig (veral vir die mense met 'n humorsin) – jy kan jouself maar die moontlikhede voorstel.

Was dit dalk – onbedoeld – 'n satiriese opvoering van die verskil tussen ware en valse hoop? 'n Uitbeelding van 'n Afspraak sonder Iemand wat opdaag? 'n Tyd (datum) sonder 'n Teenwoordigheid? Dus: 'n nou sonder ewigheid?

Alles wat ek tot dusver in hierdie hoofstuk oor die spanningsruimtes tussen hede en toekoms, tussen voorlopige vervulling en volledige vervulling gesê het, kan inderdaad onder die woord "hoop" tuisgebring word. Hoop het te make met die voortdurende ineenstrengeling van teenswoordige tyd en toekomstige tyd, van vandag en môre, van oomblik en (as) ewigheid. Hoe vreemd – of ontaalkundig – dit ook al mag klink: In hoop is "is" ook "sal wees", en "sal wees" ook "is"…

En dís geen Aprilgrap nie.

Om só te hoop, is egter nie vanselfsprekend nie.

In 'n versamelband met die titel: *Verhale van hoop*, byeengebring deur Ingeborg Drewitz, kom daar 'n gedig voor met die opskrif: 'Die kreet van 'n jong mens'.[80] Dis geskryf

---

80   Wat volg, is 'n ekserp uit Johan Cilliers, *In die Greep van God*, 255-260.

deur 'n tiener wat nie veel ouer as so agtien jaar kon wees nie,
en grepe daaruit lui só:

> *Van die lewe verwag ek niks nie,*
> *want die lewe verwag ook niks van my nie.*
> *Wie sou tog kon verstaan*
> *waarom ek so voel?*
> *Ek lewe, en tog lewe ek nie...*[81]

Wat kan verskrikliker wees as dít? Om te lewe, en tog nie te
lewe nie. O, jou hart klop wel en jy haal nog asem, maar op
een of ander manier is die vonk, die fut, die vreugde daaruit.
In die plek daarvan het sinisme gekom, bitterheid, moegheid.
Ontstellend is dit veral as jongmense, wat tog veronderstel is
om te bruis van die entoesiasme, met die hoop vir die lewe, so
begin voel...

Dié wanhoop-sindroom kan soos 'n donker kombers
oor jou toesak veral in tye van krisis, wanneer dié dinge wat
jy gereken het jou basiese sekerhede is, die een na die ander
onder jou begin wegkalwe: jou gesondheid wat ingee, jou vaste
maandelikse inkomste wat nie meer daar is nie, jou huwelik
wat verbrokkel, die gevoel dat jy nie meer in dié samelewing
veilig is wanneer jy in die nag in die straat afloop nie...

Maar geen mens kan op die lang duur sonder hoop bly
lewe nie. Selfs nie eers op die kort duur nie. Hoop ís lewe. Om
te lewe, is om te hoop. Iemand het eenmaal gesê dat 'n mens
drie dinge in jou lewe nodig het om te bestaan, naamlik iets
om te doen, iets of iemand om lief te hê, en iets waarop jy kan
hoop. A.W. Tozer verklaar dat 'n gemiddelde mens ongeveer
veertig dae sonder kos kan klaarkom, drie dae sonder water,
agt minute sonder suurstof, maar sonder ware hoop nie eers
een sekonde nie! Kyk, as daar één ding is waaraan ons almal
behoefte het, één lewensnoodsaaklikheid waarna ons almal,
bewus of onbewus, naarstiglik smag, dan is dit hoop. Hoe
lyk hoop?

---

81   Vertaal en aangehaal uit Johan Cilliers, *In die Greep van
      God*, 255.

Mag ek maar mý antwoord hierop (probeer) gee, hierdie keer op voetspoor van die Apostel Petrus – wat ook al die Apostel van die hoop genoem is? Hier nogmaals in die modus van 'n belydenis, binne die ruimte van my denkraamwerk?[82]

Daar is ten minste twee elemente wat soos goue drade deur hoop loop. Die eerste is die feit dat die hoop, in elk geval die Christelike hoop, *buite ons geleë en geanker is.* Op géén manier is dit te put uit die voorraadskuur van ons menslike potensiaal nie. Die Christelike hoop is gegrond in dit wat God in Christus gedoen het, in die besonder in sy opstanding uit die dood.[83] Die Christelik hoop kom as 't ware uit die leë graf van Jesus na ons toe, word as 'n geskenk op Paasmôre aan ons gegee, sonder enige verdienste van ons kant af.

Jy sou dit selfs nog verder kon terugvoer. Want, reeds *voor die skepping van die wêreld* was Jesus al bestem om ons Verlosser te wees, om ons uit ons oorgeërfde sinlose bestaan te kom loskoop, ons van ons hooploosheid te bevry – so skryf dieselfde Petrus.[84] Ons hoop word in 'n sin alreeds gebore uit hierdie *voor-geskiedenis* van Jesus.

Maar, ons hoop is ook gerig op die *toekoms* wat Jesus vir ons bewerkstellig het.[85] Petrus wil die ruimheid, die omvangrykheid van die hoop beklemtoon: dit strek verder as die beperkinge van my menslike gemoed en die grense van my vermoëns. Die hoop leef eerder tussen dit wat God in Christus gedoen het, en dit wat Hy nog sal doen; tussen heilsverlede en heilstoekoms; tussen opstanding en wederkoms; tussen voor-geskiedenis en die ewigheid self. Kortom, die geheim van ons hoop is Jesus, en Jesus alleen. *Christus ís ons hoop.*[86]

---

82   Soos vermeld in die Inleiding.

83   Daarom kan die Apostel Petrus byvoorbeeld benadruk: "Deur Hom glo julle in God wat Hom uit die dood opgewek en aan Hom heerlikheid gegee het. *Daarom* is julle geloof en hoop op God gerig." 1 Petrus 1:21.

84   1 Petrus 1:19, 20.

85   Soos Petrus ook sê: "...vestig julle hoop volkome op die genade wat julle deel sal word by die *wederkoms van Jesus Christus.*" 1 Petrus 1:13.

86   1 Timoteus 1:1.

Dis die eerste wat Petrus onder ons aandag bring: die hoop is uit óns hande uit. Ek is persoonlik baie bly dat dit so is, en dat dit in die eerste plek staan. Want ek weet hoe lomp *my* hande is as dit kom by die vashou aan die hoop...

Maar daar is ook 'n tweede goue draad wat deur hoop loop. Dit: Omdat ons leef tussen dit wat God in die verlede in Christus gedoen hét, en dit wat Hy nog in die toekoms in Hom sál doen, kan ons in die hede uit die hoop leef, opstaan uit ons moegheid en bitterheid en sinisme. Omdat ons geanker is tussen dit wat was en dit wat kom; meer nog: in Hom wat is en wat was en wat kom, die Almagtige,[87] kan ons – in hierdie sin – vandág met albei hande, met nuwe hoop aangryp. Vandag, nou, is die oomblik as ewigheid, en daarom die tyd vir hoop. *Carpe diem!*[88]

Hoop kan verskillende gestaltes aanneem. Ek het nie genoeg woorde om dit te beskryf nie. Kan ek maar 'n paar wyse mense se hulp inroep om my hiermee te help? Erich Fromm beskryf hierdie lewenstyl-van-elke-dag-aangryp-in-hoop byvoorbeeld só:

> *Om te hoop beteken dat ons elke oomblik ingestel is op dit wat nog nie gebore is nie. Selfs al gebeur sekere dinge nie in ons leeftyd nie, beteken hoop dat ons nie desperaat en moedeloos sal raak nie. Dit beteken nie veel om te hoop op dit wat reeds bestaan of op dit wat nie moontlik is nie. Hulle wie se hoop swak is, gee hulle maklik oor aan gerief en selfs geweld. Hulle wie se hoop sterk is, sien en koester elke teken van nuwe lewe. Hulle is elke oomblik gereed om te help dat nuwe dinge onder ons gebore word.*[89]

Die Christelike hoop is voorwaar nie 'n teorie nie, maar 'n lewensveranderende krag. Dit het verreikende implikasies vir ons lewens hier en nou, vir die elkedagse werklikheid van ons bestaan, en veral vir die manier waarop ons na die lewe kyk.

---

87 Openbaring 1:8.
88 Sien weer die vorige bespreking van die betekenis van "nou".
89 Vertaal en aangehaal uit Johan Cilliers, *In die Greep van God*, 257-258.

Georgia Harkness – haar stem is die tweede een waarna ons luister – kyk byvoorbeeld deur die bril van die hoop na die lewe wanneer sy sê:

Dit is die Christelike hoop dat vir 'n lewe wat in die teenwoordigheid van God geleef is, die dood slegs 'n ingang is tot 'n groter lewe.

Dit is die Christelike hoop dat in die ruimer gemeenskap van God se kinders daar in tyd en ewigheid geen finale skeiding is tussen diegene vir wie Hy lief is en vir wie ons lief is nie.

Dit is die Christelike hoop dat, al sou die dood vroeër of later kom, geen lewe vrugteloos is, en dat geen mens wat deur God as 'n oneindig waardevolle wese gewaardeer is, soos 'n kersie in die donker uitgedoof sal word nie.

Dit is die Christelike hoop dat as 'n atoom – of bakteriologiese oorlogvoering of 'n waterstofbom die lewe op ons planeet geheel en al verwoes, God uiteindelik nie oorwin en sy koninkryk nie vernietig sal word nie.

Dit is die Christelike hoop dat Christus die opstanding en die lewe is, en dat nòg lewe nòg dood ons kan skei van die liefde van God wat daar is in Christus Jesus ons Here.

Alhoewel ons hoop en verwagting nog nie 'n vaste besit is nie, bevat dit tog 'n element daarvan. Die feit dat ons op iets wag, wys reeds dat ons dit op 'n manier besit. Indien ons met geduld en hoop op iets wag, is die krag van dit waarop ons wag reeds werksaam in ons lewe. Hy of sy wat in alle erns wag, is alreeds in die greep van dit waarop hy of sy wag.[90]

Die Christelike hoop is voorwaar vreemd. Dis uit ons hande uit, en tog plaas die Here dit weer in ons hande terug... maar dit word nooit óns besit nie, ons hét dit nooit nie. Dis iets wat ons elke dag weer nuut en vars moet leer, nuut en vars moet ontvang – net soos die sekerheid waaroor ek vroeër geskryf het.[91] Daar bestaan nie iets soos "spesialiste" in die hoop nie.

---

90   Vertaal en aangehaal uit Johan Cilliers, *In die Greep van God*, 258.

91   Sien weer Hoofstuk 1.

Ons is almal leerlinge in die hoop, ons bly altyd beginners, aan wie die Here elke oggend uit genade 'n nuwe kwota hoop moet skenk.

Om te hoop is om telkens van jou blindheid verlos te word, elke oggend maar weer die bril van die hoop op te sit, om met nuwe oë na jouself, die wêreld en na God te kyk.[92] Hoop open oë, ontsluit vergesigte en insigte wat jy nie vroeër gehad het nie. Hier kom ons derde wyse stem, wanneer Ralph Riess sê:

Hoop het heelwat met sien, dit wil sê met ons oë te doen. Om te sien is egter nie iets wat ons in een slag moet bemeester en daarna vir altyd moet kan regkry nie. Sonder dat ons dit agterkom, word ons altyd weer blind... Wie egter toelaat dat hy of sy telkens weer die gelukkige en skokkende ervaring van sien opdoen, verkry 'n al hoe wyer visie. Ons moet leer om daagliks meer te sien, dieper te kyk, onder die oppervlak te dring.[93]

"Die gelukkige en skokkende ervaring van sien?" Ja, wie hoop, kyk met ander oë na die gesondheid wat ingee, die vaste maandelikse inkomste wat skielik nie meer so vas is nie, die huwelik wat verbrokkel, die onveiligheid op straat, die bombardemente, die kinders wat van honger huil en sterf, die drome wat blykbaar nooit waar gaan word nie, die ideale wat verpletter in duisend stukke by jou voete lê, kortom, kyk met ander oë na álles. En weet: God wat in Jesus verlossing gebring het, sal uiteindelik ook uit al hierdie ellende finale verlossing bring. So seker is die feit dat God dit alreeds gedoen het, en dat Hy dit gewis ook sál doen, dat ons dit nou, vandag, alreeds kan begin vier – byvoorbeeld só:

Te midde van hongersnood en geweld, vier ons die belofte van oorvloed en vrede.

---

92   Sien weer die Inleiding oor "sien".

93   Vertaal en aangehaal uit Johan Cilliers, *In die Greep van God*, 259.

Te midde van onderdrukking en tirannie, vier ons die belofte van diens en vryheid.

Te midde van twyfel en wanhoop, vier ons die belofte van geloof en hoop.

Te midde van vrees en ontrouheid, vier ons die belofte van vreugde en lojaliteit.

Te midde van haat en dood, vier ons die belofte van liefde en lewe.

Te midde van sonde en verval, vier ons die belofte van redding en vernuwing.

By die herinnering aan 'n sterwende Heer, vier ons die belofte van 'n lewende Christus.

"Te midde van..." – wat 'n uitspraak.

Klink mos baie soos Habakuk se: "Nogtans sal ek..."[94]

Hoe jy dit ook al sê: Daar ís hoop. Vandag. Vir jou.

Vier dit. Al wag ons nog op die volkome vervulling...

Ons ís immers op pad daarheen; op pad na volledige kennis.

Die Bybel begin mos met 'n tuin, 'n woud, genaamd Eden – die eerste ruimte waarbinne ons as sinsoekers geplaas is – en die Bybel eindig met 'n stad – waar ons uiteindelik sal woon, die Nuwe Jerusalem. Kan ek dit maar weer esteties probeer uitbeeld? Wel, dis nou nie 'n stad, 'n metropool nie, maar eerder 'n dorpie – wie weet, dalk iewers in die Koup Karoo, op die nuwe aarde, onder die nuwe hemel? Ek dink ek sou heel goed daar kon tuiskom...

Ja, en daar is die twee figure sowaar weer. Die kleintjie en die groter een. Ek en die Groter Een.[95]

Op pad na die plek waar alles (reeds) nuut gemaak is, vol Lig en Lewe...

---

94   Sien die meditasie aan die einde van Hoofstuk 3.
95   Sien die voorblad, asook die bespreking in Hoofstuk 1.

Illustrasie 10: *Op weg* (2003)
Johan Cilliers

"Kyk, Ek maak alles nuut!"

Openbaring 21:1–8

Op 13 Maart 1928 het die Duitse eksistensialis, Peter Wust,[1] langs die graf van een van die briljantste denkers van sy tyd, Max Scheler – wat ook Wust se lewenslange mentor was – gestaan en die volgende gesê:

Sedert ek by die graf van Scheler gestaan het, het 'n nuwe donkerheid oor my gekom. Die raaisel van die dood wil my nie loslaat nie. Nie dat ek die dood as sodanig vrees nie, nee, dis iets anders. Ek kwel my gedurig met die gedagte hoe vreeslik die oomblik van die oorgang vir elkeen moet wees, die oomblik van die oorgang uit hierdie wêreld na die toekomstige. As 'n mens sou kon sê dat jy volkome na God se wil geleef het, dan sou hierdie oorgang sonder twyfel die saligste oomblik van ons lewens gewees het. Dan was dit die geboorte-uur van ons ware, ewige bestaan. Want ek het geen twyfel daaroor dat die ewige vol van die saligste lig is nie, en dat ons dors na geluk uiteindelik daar gestil word nie... Oor dit alles het ek nie die minste twyfel nie. Maar ek twyfel aan my eie waardigheid. Ek twyfel aan my eie krag om te bly volhard op die weg na die ewige. Want in hierdie opsig is ek baie arm... Ek weet ook dat hierdie twyfel verkeerd is. Want geeneen van ons is tog waardig genoeg om na God te gaan nie. Alles hang af van God se liefde, God se genade. Dit, en alleen maar dit, dra my deur na die ewigheid.[2]

Word dít – dat God se genade ons deur die dood heen dra – mooier as in Openbaring 21 gesê? Hier hoor ons vir die eerste en enigste keer in die boek Openbaring die stem van God

---

1   Dis dieselfde Peter Wust waarna in Hoofstuk 1 verwys word. Dáár is hy die een wat sterwend lê...

2   Soos vertaal en aangehaal uit Johan Cilliers, *In die Greep van God*, 288.

vanaf die troon opklink – 'n aanduiding dat hierdie woorde besondere gewig dra, dat dit inderdaad, soos die Here self sê, *betroubaar en waar* is.[3] En wat sê die stem? – *"Kyk, Ek maak alles nuut."* [4] Is daar troosryker woorde as hierdie?

Let op: Die werkwoord ("maak") is in die teenswoordige tyd, in die "nou", wat vol is van die verlede en die toekoms. Die Een wat hier praat het reeds alles nuut gemaak, is besig om alles nuut te maak, en sal alles nuut maak – as die Begin en Einde, die Alfa en Omega, van alles...[5]

Dis nie óns waardigheid wat ons oor die doodsgrens heen dra nie, wat ons tog uit die tyd in die ewigheid in waarborg nie. Dis ook nie ons tegnologiese prestasies of asemrowende mediese vooruitgang wat so 'n nuwe wêreld moontlik maak nie. Die nuwe aarde breek nie onder 'n nuwe hemel aan as gevolg van een of ander briljante rekenaarprogram nie. *Dit kom van bo.* Johannes sien *die nuwe Jerusalem van God af uit die hemel uit afkom.*[6] Dis God wat handel. Dis God wat in die geskiedenis ingryp. Dis God wat ons toekoms laat aanbreek. Dis God wat die "hiernamaals" skep.

Dis God, en alleen maar God, wat só nuut kan maak, só kan herskep. God is die enigste Een wat wérklik alles kan verander. O, ons kan verstellinkies hier en aanpassinkies daar maak, maar onsself grondig verander, totaal nuut maak? Nee. Die utopie bewerkstellig waarvan mense deur die eeue heen gedroom het? Beslis nie. Ons kan mense op die maan of Mars laat land, maar 'n nuwe aarde maak? Onmoontlik. Ons kan (dalk) ruimtetuie deur ons sonnestelsel laat reis, maar 'n nuwe hemel skep? Geensins!

Nee, daarvoor moet God 'n woord spreek, 'n woord wat net so groots sal wees soos die skeppingswoord in die begin van die geskiedenis – *Dit is goed.*[7] Kan ons ons die wonder van hierdie skeppingsgebeure voorstel? Pierre Haarhoff en

---

3   Openbaring 21:5.
4   Ibid.
5   Openbaring 21:6.
6   Openbaring 21:2.
7   Genesis 1:31.

Vader Frans Claerhout probeer dit doen wanneer hulle oor die geboorte van die sterre skryf:

So het die eerste sterre begin skyn... Probeer hierdie toneel voor die geestesoog roep. Dink eers aan die pragtige hemelstraat wat die Melkweg is... 'n honderd miljard sterre, wat stil deur die ruimte sweef... nou verdwyn die liggies, en daar is net die skynsel van die oernewel wat oor hierdie deel van die heelal hang... enige oomblik nou.... kyk mooi – daar's hy! Daar's die eerste speldeliggie! En nog een – nog twee! Kyk hoe skitter hulle! Nog steeds word hulle gebore![8]

Maar dis nog nie genoeg nie. God moet ook 'n woord spreek wat net so deurslaggewend sal wees soos die verlossingswoord in die midde van die geskiedenis – *Dit is volbring.*[9] Kan ons ons die diepte van hierdie verlossingsgebeure voorstel? Matteus doen dit, as volg:

Jesus het weer hard uitgeroep en die laaste asem uitgeblaas, op daardie oomblik het die voorhangsel van die tempel van bo tot onder middeldeur geskeur. Die aarde het geskud, en die rotse het uitmekaar gebars, grafte het oopgegaan, en baie gelowiges wat dood was, is opgewek, en hulle het uit hulle grafte uitgegaan.[10]

Maar ook dit is nie die laaste woord nie. God moet nóg 'n woord spreek, wat aan die einde van die geskiedenis gehoor sal word: *Kyk, Ek maak alles nuut.*[11] Kan ons ons die vreugde wat hierdie woorde inhou, hoegenaamd voorstel? –

Die eerste hemel en die eerste aarde het verdwyn... Die dinge van vroeër het verbygegaan... Kyk, Ek maak alles nuut.[12]

Hierdie woorde sou soos musiek in die ore van die vroeë Christene geklink het. Hulle was immers 'n verdrukte

---

8   Haarhoff en Claerhout, *Skeppingsverhaal*, 12.
9   Johannes 19:30.
10   Matteus 27:50-53.
11   Openbaring 21:5.
12   Openbaring 21:1, 4, 5.

minderheidsgroep, mense wat onnoembare wreedhede onder keisers Nero en Domitianus moes ondergaan. Hulle is gefolter, verjaag, het aan armoede en hongersnood gely. Dit het gelyk asof die wêreld volledig die oorhand oor hulle verkry het.

En hoeveel trane het hulle nie gestort nie! Ja, hoeveel trane het daar nie al soos 'n tsunami op hierdie aardbol gevloei nie? Hoeveel trane het nie al oor *jou* wange geloop nie? Koopmans, 'n Nederlandse teoloog, skryf as volg oor dié baie trane wat ons aarde kenmerk:

> *Wie sal die trane tel wat in lewe en dood gestort is, in siekte, werkloosheid en oorlog? Wie sal die smarte versag en die bedroefdes vertroos?... God het die trane getel en God dink daaraan... En tussen tyd en ewigheid, singend van die toekoms, sê Johannes: God sal al die trane van ons oë afvee... Nee, nie elke willekeurige verdriet vind in die ewigheid vertroosting nie. Die trane van spyt en opstandigheid kom nie voor die troon nie, en ewemin die trane van geveinsdheid en sentimentaliteit. Maar wel die trane van God se kinders wat hul nood bekla, die trane van bitter berou, die trane van die eensames en verlatenes, die vernederdes en beledigdes, die verontregtes en vervolgdes...*[13]

Die nuwe hemel en nuwe aarde. Hoe sou ons dit kon beskryf? Johannes self maak slegs enkele penstrepe as hy sê *wat daar nié sal wees nie.*[14] Die dood sal daar nie meer wees nie. Die oortog uit die tyd in die ewigheid is dan finaal afgehandel. Ook leed, smart en pyn sal daar nie meer wees nie — 'n soort samevatting van al wat ellende op hierdie aarde was en is. Die dreigende chaosmagte van die Bose sal daar nie meer wees nie (versinnebeeld deur die *see*).[15] Alle wreedhede, wrede mense en wrede sisteme sal daar nie meer wees nie. *God sal al die trane van ons oë afdroog!*

---

13 Soos vertaal en aangehaal uit Johan Cilliers, *In die Greep van God*, 289.

14 Openbaring 21:1, 4.

15 Openbaring 21:1.

Johannes sê ook wat daar wél sal wees. Weer net 'n paar penstrepe – in metaforiese taal, omdat ons huidige grammatika te eng is om dit te verwoord. Maar wat sê hierdie penstrepe nie alles nie! Ons sal ewig geborge wees in die nuwe stad Jerusalem, uiteindelik veilig.[16] Vir altyd versadig uit die fontein met die water van die lewe, verniet.[17] Maar die belangrikste: Dan sal die woonplek van God by sy mense wees, sal Hy by hulle bly, sal Hy hulle God wees, en hulle sal sy volke wees, sy seuns en dogters.[18] Met beliggaamde bewussyn en beliggaamde samesyn, soos ek vroeër wou aantoon.[19] Onvoorstelbaar wonderlik!

Blote wensdenkery! – sou iemand wou sê. Want watter bewyse het ons dat dit wel só sal wees? Hoe weet ons dat die geskiedenis nie eerder afstuur op die *niks*, of erger nog, op die uiteindelike oorname deur die *chaos* wat ons so deur die eeue heen bedreig het nie? Wie sê Openbaring 21 is nie maar net die hallusinasies van 'n verhongerde profeet op die eiland Patmos nie?

Wel, bewyse is daar nie, maar wel 'n waarborg – wat egter slegs deur die geloof aanvaar kan word. *Ons waarborg vir dit wat voor ons lê, is dit wat agter ons lê.* God het alreeds magtige skuiwe in die rigting van die nuwe hemel en aarde gemaak. Kersfees, Golgota, Paasfees, Hemelvaart en Pinkster is God se skuiwe téén die ou wêreld, téén die ou orde. Maar dis veral God se waarborge vír die nuwe wêreld, vír die nuwe orde.

Wanneer God sê: *Kyk, Ek maak alles nuut* is dit nie leë woorde nie, maar vervulde woorde. Dis in 'n sin afgehandel, só vas en seker dat die Here self kan verklaar: "Dit het klaar gebeur..." Ja, die dinge van vroeër het alreeds verbygegaan![20] Dis agter die rug! Iemand wat aan Christus behoort, is 'n nuwe mens. Die oue is verby, die nuwe het gekom.[21]

---

16 Openbaring 21:2.
17 Openbaring 21:6.
18 Openbaring 21:3, 7.
19 Vgl. die bespreking in Hoofstuk 2.
20 Openbaring 21:4, 6.
21 2 Korintiërs 5:17.

Daarom kan óns ook ons skuiwe teen die ou wêreld maak, moet ons ook in die Naam van die Herskepper protesteer teen dood en hongersnood, teen trane, chaos en lyding. Ons wat nuwe skepsele is, wat alreeds deel van God se herskepping midde-in die ou skepping is, wat oor tyd en dood heen kan kyk en die ewigheid kan raaksien, ons kan en moet iets van dié toekoms in die hede sigbaar maak, iets van God se môre vandag laat deurbreek. Die eerste dinge sal verbygaan – hét alreeds verbygegaan. Daarom moet ons leer om vanuit en vir die laaste dinge wat in Christus aangebreek het, te leef, in plaas van uit dié dinge wat verbygaan. Om die nuwe te vier en teen die oue te protesteer! Soos J. Hansen in sy gedig doen:

Daar kom 'n dag
ná alle dae
op hierdie ou aarde
Dit word die dag van die Here genoem
wanneer God 'n einde maak...

'n Einde maak
aan die mag van die magtiges
oor die angs van die swakkes

'n Einde maak
aan die gehuil van die kinders
omdat hulle moeders geen brood het nie

'n Einde maak
aan die gesteun van die gefolterdes
en die sadisme van hulle pynigers

'n Einde maak
aan die sogenaamde balans van atoombomafskrikking
en die verbranding van sy goeie aarde

'n Einde maak
aan die veragting van die opregtes
en die gemene intriges van die leuenaars

'n Einde maak
aan die vervolging van sy kinders
en die verhore in die nag

Dan
sal daar onuitspreeklike vreugde wees
sal helder lag heers
word aan volgepakte tafels geëet
sal mense stamel van geluk
sal ons soos mense wees wat droom

Nou al
droom ons
van hierdie heerlikheid
met gewekte sinne
in goeie hoop
oefen ons ons in dié toekoms in
weerstaan ons die boosheid
en verkondig ons die Here se heil.[22]

Nee, dis nié ons waardigheid wat ons oor die doodsgrens die ewigheid inneem nie. Maar daar ís wel Een wat waardig genoeg geag is, waardig genoeg om die sleutel in sy hande te hou wat die deur na die toekoms sal oopsluit. In Johannes se troonvisioen sien ons Hom, hoor ons van Hom, die Lam wat geslag is.[23] Ons hoor duisende der duisende, ja, miljoene der miljoene engele, die hele skepping, alles in die hemel en op die aarde en onder die aarde en op die see, ja, alles wat daar is, uitroep:

Die Lam wat geslag was, is waardig
om die mag en rykdom,
die wysheid en sterkte,
die eer, heerlikheid en lof
te ontvang...

---

22   Soos vertaal en aangehaal uit Johan Cilliers, *In die Greep van God*, 291.

23   Openbaring 4 en 5.

Aan Hom wat op die troon sit, en aan die Lam
behoort die lof en die eer,
die heerlikheid en die krag,
tot in alle ewigheid.[24]

Hiérdie is die oomblik as ewigheid.
Hiérdie is die ewigheid as oomblik.
Hiérdie is die eendag – nou.

---

24   Openbaring 5:11-13.

Hoofstuk 3

Vertroosting: Om te weet dat Iemand (volledig) van jou weet...

Ek weet nie, en ek sal eendag weet – maar daar is ook Iemand wat van my weet.

Waarvandaan kom ons? Waarheen is ons op pad? Ons het nagedink oor hierdie vrae, en net aan die oppervlak daarvan geraak. Maar daar is nog 'n vraag waaroor ons moet nadink, naamlik: *Wat (wie) is ons?* Hierdie vraag kan alleen sinvol beantwoord word in die lig van die vorige twee vrae – en ons kan hier ook maar net aan die oppervlak raak. êrens tussen waar ons vandaan kom, en waarheen ons op pad is, bevind ons onsself met die vraag: Wat, en wie, ís ons?

Hierdie vraag kan natuurlik ook op baie maniere beantwoord word. As ons byvoorbeeld nie weet waarvandaan ons kom nie, of waarheen ons op pad is nie, maak dit nie regtig saak wat of wie ons is nie. As dit 'n kwessie is van nêrens en niks, oftewel nihilisme, kan ons prakties gesproke enigiets doen, aangesien dit geen uitwerking gaan hê op waar ons (nie) vandaan gekom het, en waarheen ons (nie) op pad is nie. Soos die spreuk lui: Laat ons eet en drink en vrolik wees, want môre sterf ons; môre is ons kort moment tussen nêrens en niks verby, finaal verstreke.[1] Dan kan ons, soos ek ook voorheen gesê het, maar die uur en die nou en die dag gryp net met die oog op ons helaas reeds gesaboteerde genot.[2] Dan beteken "nou" eintlik niks.

Of, ons kan probeer vergoed vir die leegte agter ons, en die afgrond voor ons, deur uit te blink, te presteer, te streef na "sukses". Ons kan alles in die stryd werp om tog net 'n "nalatenskap" te verseker. Om ons merk te maak en 'n spoor

---

1   Sien ook Paulus se opmerkings in 1 Korintiërs 15:31.
2   Sien weer die bespreking in Hoofstuk 2.

na te laat, hopelik navolgenswaardig. En dis reg en goed so. Natuurlik is daar niks verkeerd met prestasie en sukses en 'n nalatenskap nie, en uiteraard vorm dit deel van wie en wat ons is.

Maar, is dit alles werklik ons diepste wese, ons finale identiteit? Word ons lewe, en die sin van ons bestaan, gedefinieer deur ons "naam"? Wat nou van mense wat nie só 'n (meer of minder indrukwekkende) "naam" het nie? Is hulle lewens sonder sin? Hulle bestaan sinloos? Buitendien, soos ons almal weet, is daar bepaalde ervarings, soms naamlose lyding, op die grense van ons bestaan wat juis hierdie soeke na 'n "naam" so moeilik, selfs onmoontlik maak – ervarings van siekte, ouderdom, die dood.

Ons is broos en kwesbaar. Ons hoef nie weg te skram daarvan om dit te sê nie. Om "sterk" te wees, is nie altyd 'n deug nie. Trouens, dit kan 'n struikelblok wees teen ons vertroosting. Ons kwesbaarheid staar ons immers elke dag in die gesig. Ervarings wat ons lewens letterlik in duisende stukke kan laat breek; ons bestaan uitmekaar kan laat val; ons drome kan laat ontplof (of is dit inplof?). Soos hieronder (Illustrasie 11). Nee, ek wil dit nie (vir jou) interpreteer nie, behalwe om voor te stel dat jy dit sien en bedink saam met die ander "liggaam" wat later in hierdie hoofstuk sy (visuele) verskyning sal maak...

Ons kwesbaarheid speel homself op talle maniere af, elke dag, soms onverwags. Stel jouself hierdie toneel voor: Die Direkteur van Maatskappy X sit agter sy enorme lessenaar op die hoogste vloer van sy wolkekrabber. Rondom hom is dit 'n miernes van bedrywighede. Klerke dra boodskappe oor, wag op bevele; junior vennote handig senuagtig verslae in. Die rooi telefoon lui onophoudelik. Meneer die Direkteur is egter volkome in beheer, 'n toonbeeld van mag, 'n dinamiese reus tussen die ander, kleiner geeste, die hartklop van sy magtige Maatskappy X.

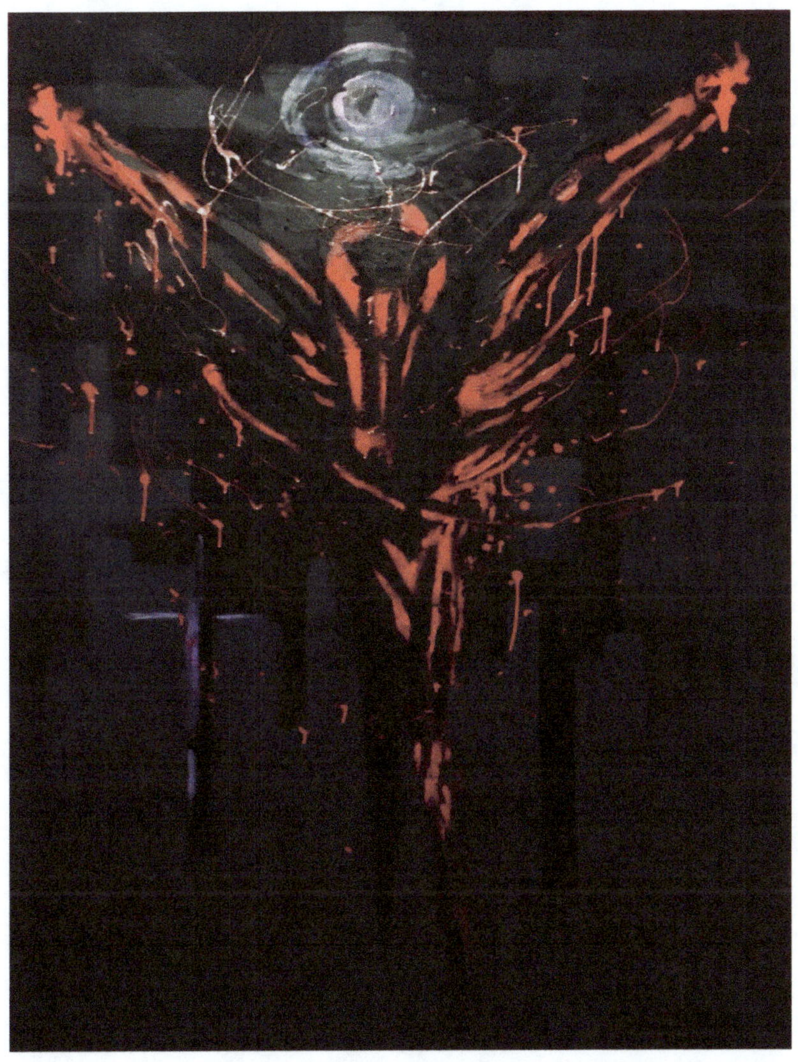

Illustrasie 11: *Kwesbaarheid* (2011)
Johan Cilliers

Totdat hy 'n hartaanval kry. Binne sekondes verander die toneel. Hy word na die hospitaal gehaas. Nou is hy nie meer in beheer nie, maar word hy beheer. Bewegingloos lê hy daar op sy hospitaalbed, vasgepen deur die tentakels van mediese masjiene en voedingsbuise. Sy hartklop huiwer op 'n skerm.

Die kennisgewing op die deur sê: *Geen besoekers*. Die magtige man moet stilte hê, moet stil gehou word. Sy ooglede fladder oop. Hy kyk na die plafon. Hy sien 'n vlieg daarbo, wat om en om vlieg...

Hy is alleen, met 'n vlieg.[3]

Of, beeld jouself die volgende scenario in: Jy was eenmaal die leidende lig in jou vakgebied, om nie eers te praat van die samelewing nie. Jy het oor die wêreld heen gereis, het belangrike en interessante mense ontmoet, en talle lewens beïnvloed. Sommige het jou as hulle "mentor" geprys. Jou ruimte vir beweging was onbeperk, en jy het jou tydsbestuur haarfyn beplan en uitgevoer.

Maar, van tyd gepraat – joune het begin uitloop. Eers ongesiens en teen 'n skynbaar slakkepas, maar toe begin dit voel asof iemand, of iets, jou tydsraamwerk vorentoe versnel het, teen 'n toenemende, asemrowende spoed. Die dag van jou "aftrede" breek aan, en jy kan nie glo "hoe vinnig die tyd verbygegaan het nie". Vir 'n tyd lank beweeg jy nog rond, en oortuig jy jouself dat jy in beheer is van jou dagprogram. Maar gou besef jy dat dit aan die verander is, onherroeplik.

Mens kan natuurlik probeer om jou veroudering op verskillende maniere te hanteer. Een daarvan is met humor. My gunsteling uitdrukking in hierdie verband is om te sê: Nee, ek is nie oud nie, ek bevind myself maar net in 'n staat van betreklike onjeugdigheid...

Hoe jy egter ook al probeer keer, jy word ouer; jou onbeperkte ruimte word al hoe kleiner, word later 'n enkelkamer, selfs 'n bed of rystoel. Jy verloor tred met die tyd. Hulle wat jou "mentor" genoem het, onthou jou nie meer nie. Jy beïnvloed nie meer talle lewens nie, maar leef onder die toesig van 'n paar mense wat keuses namens jou maak. Jy reis nie meer oor die wêreld heen nie, ontmoet nie meer belangrike en interessante mense nie; die wêreld gaan nou eerder by jou verby. Jy het nie meer 'n stem in die samelewing

---

3   Na 'n verhaal van Walter Lüthi, *Wort zum Werktag. Radiobetrachtungen* (Basel: Friedrich Reinhardt, 1970), 32.

nie; die samelewing vermy jou liefs. Jy is nie meer die leidende lig in jou vakgebied nie, inteendeel, jy woed verbete, maar tevergeefs, teen die uitdoof van jou laaste liggie...[4]

Kan ons nog 'n rondte hierdie verbeelding-spel speel? Dis mos waarom ons 'n verbeelding het, en dis glad nie so moeilik om dit te doen nie:

Jy woed nie meer teen die uitdoof van jou lig nie, want dis klaar uitgesnuit. Duisternis is al wat oorbly, en heers. Jou hartklop huiwer nie meer op 'n skerm nie, maar word stil, word 'n reguit lyn. Jy blaas jou laaste asem uit. Jy word na die lykshuis geneem. Jou familie, indien jy enige het, kom identifiseer jou "stoflike oorskot". Jy word begrawe, of veras. Jou voorheen onbeperkte, of ingekrimpte ruimte, word nog kleiner: 'n urn met jou as, of 'n kis, ses voet onder die grond. Jou tyd is verby. 'n Streep word getrek deur al jou sogenaamde "suksesse" in die lewe. En, as jy geen noemenswaardige suksesse in die lewe behaal het nie, is al "naam" van jou wat oorbly dié een wat in graniet op jou grafsteen uitgebeitel word. Of, as ons dit 'n bietjie meer positief wil sê: Dalk sal die herinneringe aan wie jy was en wat jy bereik het, nog vir 'n tyd bly talm – in sommige gevalle selfs vir eeue – maar eeue is niks (!), gesien binne die raamwerk van kosmiese tyd.

Wanneer jy weg is, gaan die lewe aan. Dit knip nie 'n oog nie, stop nie vir 'n sekonde nie. Mense, ook hulle wat jou begrafnis bygewoon het, haas hulle terug na die stroom van die alledaagse gebeurlikhede. Dalk sal sommige van hulle van tyd tot tyd terugkeer na waar jy begrawe is, of waar jou as gestrooi is. Dalk sal party met dankbaarheid en waardering terugdink aan wie jy was en wat jy gedoen het. Maar die meeste sal onverpoos voortstorm in die resies van die lewe, sonder om te besef: Hoe klein is ons tog, en hoe min weet ons regtig...[5]

---

4   Ek dink hier aan die bekende frase uit Dylan Thomas se gedig: *Do not go gentle into that good night* – "rage, rage against the dying of the light."

5   "How small we are, how little we know..." Sien weer Hoofstuk 1.

Al hierdie scenario's druk natuurlik 'n bepaalde neerslagtigheid oor die lewe uit. Dit wil voorkom asof die vraag wat en wie ons is ten minste irrelevant mag klink as die antwoord skynbaar altyd bly struikel oor die hekkies van siekte, ouderdom, en die dood. So, kom ons probeer 'n ander invalshoek tot hierdie vraag, met behulp van die gedagtes van die ietwat enigmatiese skrywer Nassim Nicholas Taleb. Hy het aangevoer dat verandering, selfs verandering wat op daardie oomblik as onderbrekend en negatief beskou sou kon word, omarm moet word as die begin van nuwe lewe.[6]

'n Kers mag deur die wind doodgeblaas word, sê hy, maar wind kan ook 'n nuwe vuur begin – wat hy as simbool van nuwe lewe sien. Hoe reageer ons op risiko's, verrassings, onverwagte gebeurtenisse, dramatiese veranderinge en skokke wat verreikende gevolge vir ons lewens inhou, en inderdaad die orde soos ons dit ken op sy kop keer, wonder hy. Soms mag van hierdie gebeurtenisse so geheel en al vreemd vir ons voorkom soos die verskyning van 'n swart swaan op die dam – en ons is hoegenaamd nie gereed vir, of voorbereid op, so 'n buitengewone gebeurtenis nie. Wat maak ons met die swart swaan?

Hierdie "Swart Swaan Sindroom" lê die hubris bloot wat ons dikwels oor die sogenaamde onbeperktheid van ons kennis het.[7] Taleb noem dit selfs 'n "epistemiese arrogansie" – ons oorskat wat ons weet, en onderskat wat ons nie weet nie.[8] Maar die realiteit is dat ons nou nie volledig weet nie, en dat selfs hierdie onvolledige wete dikwels uitgedaag, en selfs bedreig word – soos byvoorbeeld wanneer 'n swart swaan asof uit die niet 'n verskyning maak tussen die ander, wit swane – 'n swart swaan soos Covid-19, of 'n verwoestende orkaan, of 'n veldbrand, of 'n wêreldoorlog, of 'n terminale siekte, of noem maar op...

---

6   Nassim Nicholas Taleb, 2007, *The Black Swan: The Impact of the Highly Improbable*, 136–140.

7   Sien ook weer die bespreking van sekerheid en onsekerheid in Hoofstuk 1.

8   Ibid.

Die vraag is dan hoe ons op hierdie swart swaan reageer, dit wil sê: hoe ons dit *sien*. Vir Taleb lê die uitdaging daarin om hierdie vreemde kinkels in die kabel van die geskiedenis só te aanvaar dat jy daardeur sterker gemaak word; om só op die rug van die wind wat die kers uitblaas te ry dat jy vorentoe gaan. Ons is kwesbaar – dit sal Taleb toegee – maar ons moet ook die kuns aanleer om *anti-kwesbaar* te wees, om die onverklaarbare gebeurlikhede van die lewe op 'n bepaalde manier te sien, te interpreteer, en daarop te reageer.[9]

Ek moet erken: Ek hou van hierdie benadering tot die lewe. Ons is kwesbaar, soos die vorige gebroke gestalte ("Kwesbaarheid") dit uitgebeeld het, maar ons is nie troosteloos, of ontroosbaar kwesbaar nie. Inteendeel, daar is die moontlikheid van troos wat skuil in elke trauma, en dit het niks met 'n oppervlakkige, of blinde, soort "triomf" te make nie. Troos staan nie teenoor trane nie, maar troos vee wel trane af; en, as die trane dan nie dadelik afgevee wil word nie, gee troos nie op nie. Troos is taai. Dit help jou om selfs deur jou trane dieper te sien, dalk selfs skerper te kyk.

Dit klink baie soos Kierkegaard se gedagte dat ons die oomblikke van die lewe, ook die onvoorsiene oomblikke, as ewigheidsmomente sou kon takseer. Ten minste spel dit die begin van moontlikhede uit om getroos te word te midde van die lewe se katastrofes, selfs om heling te vind. Die swart swaan van onverwagse gebeurtenisse mag dalk die vermomming wees van die Wit Duif van Pinkster. Die wind wat die kers uitsnuit, en die laaste glimmerlig van die lewe uitdoof, mag dalk die wind wees wat 'n nuwe Lig aansteek, mag dalk die wind wees wat ons "ingang tot Lewe" moontlik maak.

Die gedagte van anti-kwesbaarheid word, na my mening, verder verdiep deur die derde gedeelte van die driedeling waaroor ons tot dusver nagedink het:

---

9   Hierdie sentimente van Taleb sou natuurlik ook gekritiseer en misverstaan kon word. Taleb is byvoorbeeld nie besig om 'n lewenstyl van martelaarskap te propageer nie; hy roep wel op tot 'n vorm van visie wat dieper kyk as die onvoorspelbare gebeure van die lewe.

Nou ken ek net gedeeltelik, maar eendag sal ek ten volle ken soos God my ten volle ken.[10]

God ken ons, ten volle. Of ons nou vol lewe is, of na 'n vlieg vanuit ons hospitaalbed staar, of verskrompel met ouderdom (of betreklike onjeugdigheid), of weggelê word in ons "finale" rusplek – ons word geken, ten volle. Ons is kwesbaar, dit is waar, en ons moet ook die kuns van anti-kwesbaarheid inoefen, sonder twyfel, maar meer as dit: Ons word geken, ten volle. Of ons nou kwesbaar of anti-kwesbaar is.

Om te weet dat God weet, is genade. Om te weet dat God volledig weet, is genade op genade.

God ken ons, van begin tot einde; van die wieg tot die graf. En tog is daarmee nog nie genoeg gesê nie. God ken ons (teenswoordige tyd) voordat ons ons liggaamlike bestaan betree het, en God ken ons (teenswoordige tyd) nadat ons hierdie liggaamlike bestaan agter ons laat, en God ken ons ook (teenswoordige tyd) wanneer ons met 'n nuwe, beliggaamde bewussyn voortbestaan.[11] Dit is die hoogste "betekenis" van ons lewens: God ken ons, wil dus dat ons bestaan. Ewig. Waarom? Want God is liefde, en liefde is ewig.[12]

Hoe kan ons die feit dat God ons ten volle ken uitdruk? Ek het eenkeer probeer om dit by wyse van 'n kunswerk te doen, hieronder, wat ek in 2010 geskilder het:[13]

---

10   1 Korintiërs 13:12.
11   Sien weer die bespreking in Hoofstuk 2.
12   1 Korintiërs 13:7-8.
13   Sien ook die bespreking in Johan Cilliers, *Dancing with Deity*, 55v. Sien ook die vorige uitbeelding van "Kwesbaarheid" in hierdie hoofstuk. Hierdie skildery word tans tentoongestel in die ingangsportaal van die Nederduits-Gereformeerde Kerk, Welgelegen, Stellenbosch.

Illustrasie 12: *Hierdie liggaam* (2010)
Johan Cilliers

Ek het my eie liggaam gebruik om 'n afdruk op 'n growwe doek te maak, wat lyk asof dit deur spykers op die skildery vasgepen word. Die spykers vorm ook die klassieke woorde INRI (Latyn: *Iesus Nazarenus Rex Iudaeorum*, oftewel "Jesus van Nasaret, Koning van die Jode"), en kan bo die kop van die figuur gesien word. Die growwe doek herinner aan die doek waarin Jesus begrawe is, en die betekenis van die spykers is vanselfsprekend. Die figuur is uitgestrek asof aan 'n kruis, en 'n paar fragmente, of subtiele kruise, kan in die agtergrond gesien word. Met hierdie voorstelling wou ek iets van die realiteit van die dood van die Gekruisigde uitbeeld, van die feit dat Hy nie 'n liggaamlose gees was nie, maar 'n liggaam, 'n werklike liggaam – net soos ons ook liggame het (of eerder: is). Dis *hierdie* liggaam wat gesterf het...

Vroeër het ek gesê dat ons lyding "ingeneem" of "opgeneem" word in die Wese van God deur die lyding van Christus.[14] Ons lyding het nou deel geword van die lyding van God, en God se lyding het nou deel geword van ons lyding. Hierdie samevloei van lydings kan slegs gesien, slegs ervaar word in en deur 'n liggaam. In 'n liggaam, hierdie liggaam, kruis die lyding van mense en die lyding van God. Die Wit Duif van Pinkster – die Gees van die Gekruisigde – onderstreep dit verder: Die Gees is uitgestort op alle vlees, dit wil sê, liggame.[15]

Dít is ons troos in tye van lyding: God se beloftes gaan nie weg nie, los ons nie alleen agter as eensame liggame nie. God se beloftes kan vertrou word, want dit het liggaam. God beliggaam wat God belowe.

Søren Kierkegaard formuleer hierdie geheimenis as volg:

Vanaf die uur waarin God, op grond van die almagtige besluit van sy almagtige liefde, 'n dienskneg geword het, het God self, by wyse van spreke, gevange geword deur hierdie voorneme, en is God nou verplig om daarmee aan te gaan, of Hy nou wil of nie.[16]

---

14   Sien die bespreking in Hoofstuk 2.
15   Vgl. Handelinge 2:1–11.
16   "From the hour when by the omnipotent resolution of his omnipotent love he became a servant, he has himself become captive, so to speak, in his resolution and is now obliged to continue (to go on talking loosely) whether he wants to or not." Søren Kierkegaard, 1985, *Philosophical Fragments/ Johannes Climacus*, 55.

Daar is egter ook tekens van lewe (opstanding en oorwinning) in die skildery. Dieselfde spykers wat die doek vaspen, kan ook nie verhinder dat die doek oopgemaak word om die liggaam daarbinne sigbaar te maak nie, en word ook gebruik om 'n son aan die linkerkant van die skildery te vorm – as simbool van lewe en geregtigheid, wat oor die realiteit van hierdie spykers triomfeer. Dit wil voorkom asof die liggaam vanuit die doek na vore tree, asof dit gevorm en herskep word teen 'n agtergrond van fragmentasie en duisternis en chaos, as 'n soort vooruitgrype na die opstanding. Sentraal tot die hele skildery is die voorstelling van beliggaming van lewe en nuwe lewe (hoop). Die kunswerk onderstreep die feit dat lewe nie moontlik is sonder 'n liggaam nie, ook, en veral nie in 'n staat van opstanding nie.

Nie alleen het ons lyding die Wese van God binnegegaan, sodat dit nou deel is van God se Wese nie – God se toekoms het ook ons liggame binnegekom, sodat God se toekoms nou ook ons toekoms is, het ek vroeër gesê.[17] Ons liggame het nou 'n toekoms. Dit word opstanding genoem. Ek noem dit ook die energie van 'n nuwe, beliggaamde bewussyn – wat leef op 'n nuwe aarde, onder 'n nuwe hemel.[18]

Vir my het hierdie voorstelling die troosryke waarheid uitgedruk dat God van liggame weet. God se Seun het 'n liggaam gehad. God ken my liggaam, of dit nou kwesbaar of anti-kwesbaar is; ken my liggaam in siekte en ouderdom, in lewe en dood. Daarom is die hande in die skildery ook uitgestrek in die rigting van die "toekoms" – ook die toekoms van *hierdie liggaam* wat nou siek of oud of sterwend is, of gesond en lewenskragtig – uitgestrek in 'n gebed om, en momentum van, "opgeneem te word" in die Lewe.

Ek onthou hoe ek eenmaal, toe ek 'n student in Heidelberg, Duitsland, was, deur die ou deel van die begraafplaas in Dossenheim, een van die woonbuurte van Heidelberg, gestap het. Dit was 'n kortpad tussen waar ek

---

17   Sien die bespreking in Hoofstuk 2.
18   Sien die bespreking in Hoofstuk 2.

gewoon het,[19] en die huis van Rudolf Bohren, wat op daardie stadium my studieleier was. Dit was 'n koue wintersoggend in 1981, en die sneeu het swaar op my groen corduroy pet begin lê. Halfpad deur die begraafplaas het my oog op 'n grafsteen geval. Ek het gestop en na die inskrywing op die steen gekyk:

Unser kleiner Sonnenstrahl.
(1918–1924)
Rüht in Gott.

Ons klein sonstraaltjie. Rus in God. Dit was die graf van 'n dogtertjie wat 'n lang tyd gelede gesterf het. Sy was net ses jaar oud. Haar ouers sou in alle waarskynlikheid intussen ook reeds gesterf het, lank voordat ek langs die graf van hulle kind gestaan het.

Om een of ander rede het dit een van die mees emosionele oomblikke – mag ek ook dit 'n oomblik-as-ewigheid noem? – van my lewe geword. Ek het die kind nie geken nie, ook nie haar ouers nie, maar ek het gewonder oor die 'betekenis" van haar lewe. Die geskiedenis het mos 'n manier om ons, "gewone" mense, in te sluk. Ons gaan net weg.

Dit was 'n graffie soos vele ander. Maar op daardie oomblik het ek bewus geword van ontelbare grafte, daar in Dossenheim se ou kerkhof, en verder, in al die dorpies en stede oor die wêreld heen, grafte sonder ophou, ry na ry. Miljarde mense wat voor my geleef het. Wat lankal gesterf het. Wat dalk ook hulle sonstraaltjies op 'n dag moes begrawe?

Ek het gewonder of God van hierdie dogtertjie geweet het, van haar (kort) geskiedenis; of God selfs net geweet het wat haar naam was? Alhoewel ek die grafinskripsie nie sal vergeet nie – dit is asof in marmer in my geheue ingebeitel – kan ek haar naam nie meer onthou nie, noudat ek terugdink aan daardie dag in die begraafplaas.

Onthou God? Weet God? Weet God van die pasgebore babatjie wat deur haar Khoi-moeder in 'n *karos* in 'n vlak graf

---

19   Die Ekumeniese Studente Woonhuis in Plankengasse 3, waarna ek vroeër verwys het.

begrawe moes word toe Afrika nog jonk was? Weet God van die vaal ou mannetjie wat sy lewe afgesloof het in die kantoor van 'n welaf sakereus, toe gesterf het, en toe sonder seremonie deur die staat begrawe is, omdat hy geen familie gehad het nie? Weet God? Hou Hy boek van elkeen wat die laaste asem uitblaas? Van *almal*? Werklik? Sal Hy van my weet as my uur kom? Wanneer ook ek maar net nóg 'n korreltjie word op die stoftapyt van gestorwenes wat die aarde bedek?

Rüht in Gott het die inskripsie op die grafsteen gesê – rus in God. Ek het 'n vrede, 'n stilte ervaar, terwyl ek daar in die sneeu in 'n vreemde land in 'n ou begraafplaas langs die graf van 'n onbekende kind gestaan het, 'n vrede wat ek moeilik vind om te beskrywe, selfs nou, baie jare later...

'n Gedagte het by my opgekom, 'n teks uit die Bybel, wat fluister: *Here, U sien dwarsdeur my, U ken my... U omsluit my van alle kante, U neem my in besit.*[20] Ek het die fluistering van hierdie teks sedertdien al baie kere gehoor.

Om omsluit te word van alle kante – van agter en voor, van bo en onder – dit is troos wat verder as woorde strek.

My vrou is 'n koloris. Sy hou daarvan om deur kleure omring te word. Ons huis is allesbehalwe kliniese wit of vaalgrys – inteendeel. My vrou het 'n gewoonte om pragtige komberse te brei vir elke vertrek in ons huis – kleur-gekodeer vir daardie vertrek, natuurlik. Dit is een van haar maniere om sin te maak uit, en met die oog op, haar omgewing.[21]

My gunsteling kombers kan gesien word in een van my gunsteling vertrekke, in die ruimte voor die kaggel in die Karoo. En ja, daar is 'n kombers daar (sien Illustrasie 13). Wanneer die hitte van die kaggel nie genoeg is nie, kan jy hierdie kombers rondom jou wikkel, voor en agter, bo en onder jou, as jy sou wou. Jy sou omsluit kon word van alle kante. Vir

---

20   Psalm 139:1, 5.
21   Uiteraard is my vrou 'n kreatiewe en sorgsame mens – sy het ons tweeling grootgemaak, en dit met my uitgehou. Genoeg gesê.

Illustrasie 13: *Kombers* (2019)
Elna Cilliers

my is dit simbolies van (goddelike) troos, moontlik gemaak deur genade op genade. Ek het tuisgekom; ek ís by die huis...

Ons almal het troos nodig. Rudolf Bohren, my destydse studieleier na wie ek hierbo verwys het, skryf as volg:

'n Mens het troos nodig. Die suigling, huilend in sy wiegie; die grysaard wat in sy sterwensuur 'n liefdevolle hand vasklem. Hulle wat in die wêreld inkom en hulle wat die lewe verlaat – beide het troos nodig. Die begin en einde van 'n mens se lewe laat jou insien dat die behoefte aan troos deel van menswees is. Troos is vir jou onontbeerlik, elke lewensdag tussen geboorte en sterfte, of jy nou daarvan bewus is of nie.

Die gehuil van die pasgeborene en die hand van die sterwende maak 'n geheimenis hoorbaar, tasbaar en sigbaar, 'n geheimenis wat vir so baie ore en oë verborge bly: die mens se behoefte aan troos. Dit wys heen na iets buite homself, iets verblydend en nuutmakend, 'n boodskap wat hom tegemoetkom soos 'n moeder die suigeling, soos 'n sterk hand wat die sterwende nie loslaat nie.[22]

Waar vind ons hierdie troos? Niks hou tog stand in die gang van die tyd nie. Niks ontsnap aan die proses van verganklikheid nie. Niks is só betroubaar dat dit jou in die diepste kern van jou menswees kan vertroos nie. Níks.

En ja, ek het alweer die woord "niks" gebruik – vier keer, hierbo.

Dis om te onderstreep: Ons het géén waarborge dat dit wat vandag skynbaar vir jou "troos" kan bewerkstellig, môre nog sal werk nie, dat dit wat vandag so tydloos troostend lyk, die aanslag van die sandglas sal oorleef nie. Die tyd wis gewoon álle troos – en vertroosters – sekonde na sekonde uit...

En tog ook nie...

---

22   Rudolf Bohren, *Tröstungen* (Wenen: Kaiser Verlag, 1983), Vorwort. Vertaal deur Johan Cilliers.

Ek het jare gelede, toe my kinders ongeveer 4 jaar oud was, die volgende geskrywe:

Die kamer is donker – ons het 'n ekstra gordyn opgehang om die laaste én die vroeë sonlig van die dag te demp. Die asemhaling van my kinders is rustig. Buite blaf die hond. My seun lê uitgestrek, oopgeskop. My dogter opgekrul, met 'n pop. Al die borrelende energie het uitgewoed tot kinderlike slaap. Hulle het so gróót geword…

Terwyl ek hier staan, wonder ek, soos vele vaders voor en saam met my: Wat gaan van julle word? Watter loop gaan die lewe met julle neem? Gaan julle gelukkig wees? Gesond? Ek het al geleer dat die lewe maar broos is. Dit kan sagte mense seermaak. Onskuldiges knou. Dit kan die lewensvrymoedigheid en lewensvreugde uit jou tap, jou leeggesuig eenkant gooi, misbruik. Ek is bang as ek daaraan dink dat ook julle hierdie lewe moet binnegaan, bang dat iemand julle ongelukkig sal maak, dat omstandighede julle sal breek … Nou kan ek nog troos, trane wegvee, nog sê: "Toemaar wat…" Maar eendag? As ek en Mamma dalk nie meer daar is nie? Wie sal sorg?[23]

Toe, sowat sewe jaar daarna, het die kommer oor my kinders my weer ingehaal, en ek het wéér geskryf:

Ek wonder soms in die aand as ek gaan seker maak dat my kinders toe is onder hulle kombersies: Waar sal julle tien jaar van vandag af wees? Of twintig? Sal julle werk kan kry as julle klaar studeer het – ás julle kan klaar studeer? Waar sal ons land wees vyftig jaar van nou af? Sal ons onder die geweld van die misdaadsgolf verdwyn? Sal my spaargeld my sorgvry kan laat sterf? My pensioenskema my deurdra tot by die einde? Waar sal ons planeet wees 'n honderd jaar van hierdie oomblik af? Nog leefbaar? Of dalk 'n uitgebrande kool in 'n koue kosmos? Ag, as daar maar net iéts was waaraan ek vandag kon vashou waarvan ek seker weet: dít sal vir altyd by my bly, dít is my verbindingslyn met

---

23   Johan Cilliers, *Om God te Sien* (Vereeniging: CUM, 1995), 22.

> *die toekoms, my teken en waarborg van betroubaarheid en*
> *duursaamheid. Dis my greep, my handvatsel waarmee ek*
> *myself die toekoms kan intrek...*[24]

Ja, alles is onseker, en oor baie dinge kan en moet ons ons seker bekommer. Maar die troos – die enigste blywende, betroubare troos – is dít: God ken my ten volle.

God ken jou ten volle.

God ken my kinders ten volle.

Ek hoop hulle sal eendag – as ek nie meer daar is nie – die woorde hierbo lees, maar veral dit wat nou volg. Nee, kom ek sê dit meer direk: As *julle* ooit hierdie woorde lees – gaan voluit vir die lewe, al is dit soms moeilik. Dis 'n gawe van God. Aan jou. Persoonlik. By die naam. Jacques. Karen. Ek het ook dít jare gelede geskryf – oor julle:

> *Die Here sal vir my kinders sorg.* Al moet hulle deur die
> smeltkroes van beproewing gaan, al moet die golwe
> van swaarkry oor hulle slaan en die lewe sy letsels
> op hulle laat: *God is by hulle. Sy groot kommer oor hulle*
> *oortref my klein kommer oor hulle verreweg.* Dit glo ek: Hy
> sál sy doel met hulle bereik...[25]

Troos. Wie van ons het nie behoefte daaraan nie? Troos is meer as 'n teorie. Trouens, troos – altans, soos wat ek dit hier verstaan – het alles te make met die teenwoordigheid van 'n Trooster.[26] Troos het te make met die wete dat Iemand weet, en omgee, en sorg. Nie vanaf 'n afstand nie, maar naby my, binne-in my. Hierdie troos dra my, dag na dag...[27]

Miskien word dit alles die beste saamgevat in die Onse Vader-gebed wat Jesus ons geleer het, veral in die vierde bede: *Gee ons vandag ons daaglikse brood...*[28] Ja, God

---

24   Johan Cilliers, *Het God 'n Handvatsel?* (Vereeniging: CUM, 2003), 168.
25   Johan Cilliers, *Om God te Sien*, 23.
26   Sien Johannes 14:26-27.
27   Sien Psalm 68:20.
28   Matteus 6:11.

stel belang in ons daaglikse brood. Hy is die God van die groot gebeurtenisse, maar ook die God van die sogenaamde "klein dingetjies" van ons lewens. J.H. Sillevis Smitt skryf hieroor:

Jesus sê: Gaan gerus met jou bord kos na jou hemelse Vader toe. En daarmee bedoel die Heiland: Daar is niks waarmee jy nie by jou hemelse Vader mag kom nie. Vra maar vir God om skoene en klere. Vra Hom om 'n huis en meubels. Kom na Hom toe met jou werk en vakansie. Vertel Hom maar van jou behoefte aan liefde, jou verlange om te trou, jou hunkering om 'n kind. Wys vir Hom jou pyn en benoudheid. Wys vir Hom jou leë beursie en skrale spens. Praat met Hom oor hoë pryse en die moeilike werk wat jy nie kan baasraak nie...

God is nie 'n God wat ver en vreemd is en daar hoog in sy hemel troon nie. God is 'n God van naby, wat in alles met ons meelewe en in al ons behoeftes wil voorsien. Daar is geen dors wat Hy nie wil les nie. Daar is geen honger wat Hy nie kan stil nie.

Met hierdie bede lei Jesus vir God in ons huis in, in ons sitkamer; bring Hy God op ons kantoor, in die fabriek, op die land waar ons werk. Ons het geen Sondagsgeloof nie. Ons God is: Heer van elke dag en van die alledaagse. Hy is nie net God van die kerk of van die binnekamer nie, maar God is ook in die straat, in die middel van die verkeer, in die kaserne en op die skip, in die huis en in die veld, in die fabriek en op die mark.[29]

So is dit. God weet van die opstapelende rekeninge en die slapelose nagte, van die lekkende kraan en die siek kinders, van jou behoefte aan ware menswees, aan sinvolle werk en rus, aan waarlik lewe en liefhê. Kortom, Hy weet van jou letterlike honger – die dissipels van Jesus het dié gebed in elk geval as arm mense baie konkreet verstaan – maar Hy weet ook van jou groter honger, jou dieper honger, van die honger wat Hy self in jou hart geplant het – na Hom. Hy weet van jou hunkering na lewensversadiging in die volste sin van die woord – soos

---

29   J.H. Sillevis Smitt, *Onse Vader wat in die hemele is* (Johannesburg: Boekhandel De Jong, 2001), 35.

die vroeë Christelike kerk óók hierdie bede vertolk het – en Hy weet van jou brandende verlange na 'n beter wêreld, ja, na sy koninkryk, waar alle trane sal wyk.

Hy weet van jou soeke na sin.

Hy wéét.

"Here, U ken my…"

Psalm 139:1–3; 13–18

In die Westminster Abdy in Londen tref 'n mens 'n merkwaardige gedenkteken van die Tweede Wêreldoorlog aan. Dit bestaan uit vier groot boekdele waarin die name opgeteken is van nagenoeg sestigduisend burgerlikes wat tydens lugaanvalle op Londen gesterf het. Een boekdeel lê altyd oop op die altaar, met 'n skerp lig wat op die name op die betrokke bladsye skyn. Elke dag word een bladsy omgeblaai, sodat al die name uiteindelik in die lig kom, oftewel in herinnering geroep word.

In die Bybel hoor ons ook op 'n hele aantal plekke van 'n boek waarin ons name opgeteken staan, dit wil sê waarin ons hele geskiedenis gekonsentreer is en die geheim en sin van ons bestaan opgesluit lê. Psalm 69:29 praat byvoorbeeld van die boek van die lewe waarin die name van die regverdiges opgeskrywe staan, 'n beskrywing wat ook in Openbaring herhaal word waar ons hoor dat die boek van die lewe oopgemaak sal word, asook ander boeke met die oog op die oordeel oor die dooies, groot en klein, volgens wat daar in die boeke geskrywe staan oor alles wat hulle gedoen het.[1] Ook hier in Psalm 139 hoor ons van 'n boek in 'n teksvers wat my al male sonder tal in wanhoopstye vertroos het: *U het my al gesien toe ek nog ongebore was, al my lewensdae was in u boek opgeskrywe nog voordat ek gebore is.*[2]

Hiermee bely die digter dat God alles van ons weet, ons deur en deur ken, en dwarsdeur ons sien.[3] God ken elke selletjie in my liggaam, elke been, elke stukkie weefsel, elke gedagte nog voordat hulle by my opkom; elke woord

---

1   Openbaring 20:12, 15.
2   Psalm 139:16.
3   Psalm 139:1.

voordat ek dit uitspreek.[4] God het elke haar op my kop getel, dit – met eerbied gesê – in sy hemelse rekenaar ingeprogrammeer. God ken my geskiedenis, my herkoms, my lewensloop vorentoe, my toekoms. God ken my voor my vorming en geboorte as mens, weet reeds waar ek oor tien of twintig jaar van nou af sal wees. Kortom, daar is níks omtrent my bestaan waarvan God nie álles weet nie. Ook my soeke na sin; my verlange na 'n tuiskoms by sy Vaderhuis waar ek versorg word soos deur 'n Moeder – daarvan weet God.[5]

Ek het gedink aan die aangrypende pelgrimsgebed van Amanda Strydom. Só klink dit:

Vader God, U ken my naam
My binnegoed en buite staan
My grootpraat en my klein verdriet
My vashou aan als wat verskiet

U ken my vrese en my hoop
Die pad wat ek so kaalvoet loop
Die pad het U lankal berei
U maak die pad gelyk
Vir my

Alle Pelgrims keer weer huistoe
Elke swerwer kom weer tuis
Ek verdwaal steeds op die grootpad
Soekend na U boarding huis

Moeder God, U ken my waan
My ego en my regop staan
Die drake waarteen ek bly veg
U wys my altyd weer die weg

U het my met U lig geseën
Die lig strooi ek op iedereen

---

4   Psalm 139:2, 4.
5   Vir die Moederbeeld, sien Psalm 131:2.

Net U weet hoe my toekoms lyk
Ek het niks, U maak my ryk

Alle Pelgrims keer weer huistoe
Elke swerwer kom weer tuis
Ek verdwaal steeds op die grootpad
Soekend na U boarding huis

Alle Pelgrims keer weer huistoe
Elke swerwer kom weer tuis
Ek verdwaal steeds op die grootpad
Soekend na U boarding huis[6]

God se kennis is nie 'n abstrakte kennis nie. Nie 'n soort hemelse, veraf "weet-van" of "kennis-neem-van" of "kennis-dra-van" nie. Die "hemelse rekenaar" waarby ons lewensloop ingeprogrammeer is en waarna ek hierbo verwys het, is nie 'n koue, kliniese masjien nie. Nee, dis God se hart wat warm vir ons klop met onbegrensde liefde. God se kennis van ons bevestig dat ons aan Hom behoort. Hy ken ons só, dát ons aan Hom behoort. Tussen ons, die skepsels, en Hom, die Skepper, is daar 'n allerintiemste verband. Hy is die Pottebakker, en ons is die klei.[7]

Sonde is die verbreking van hierdie verhouding, die ondenkbare dat daar 'n vervreemding kon intree tussen ons en ons God, dat ons wat ons lewe van God ontvang het van Hom af weggehardloop, weggevlug het. Maar, ons kán nie. Ook dít het die digter ontdek. Aan God se teenwoordigheid, aan die navolging deur sy Gees, kan jy nie ontkom nie. Nêrens kan jy vir God wegkruip nie – nie in die hemel of in die doderyk of die ooste of die weste of die duisternis of die nag nie.[8] Nêrens nie.

Ons hoef ook nie. Want, hoe kan die skepsel vir die Skepper sê: Ek het jou nie nodig nie? Hoe kan die klei uit die

6	Amanda Strydom, 'Pelgrimsgebed', uit haar album: *Kerse teen die Donker*, 2008.
7	Jeremia 18.
8	Psalm 139:7–12.

Pottebakker se hand uit wil wegval? Hoe kan die maaksel die rug op sy en haar Maker draai? Dis onmoontlik, en tog is dít presies wat met die sondeval gebeur het...

God kon dit egter nie daar laat nie. Hy weier om sy eiendomsreg op ons prys te gee. As jy nog daaraan twyfel, moet jy maar weer 'n slag die Nuwe Testament gaan lees. God stuur sy Seun in die menslike vlees om sy eiendomsreg op ons te kom herbevestig. Sy Seun word ook, maar deur die werking van die Gees, gevorm, aanmekaargeweef in die skoot van 'n moeder – om te kom onderstreep dat ons wat so gevorm en geweef is, aan die Here, aan die Skepper-Kunstenaar behoort, nie aan onsself nie. Hy het hierdie lewe van Hom vir ons afgelê, die laaste lewensasem aan die kruis uitgeblaas. Ja, ons behoort eintlik dubbel aan die Here: Hy het ons geskep én herskep, gemaak én nuutgemaak.

Al my lewensdae was in u boek opgeskrywe nog voordat ek gebore is, bely die digter. Hy weet: God het 'n plan met sy lewe. 'n Verlossingsplan. Ons word nie sommer vir niks gebore nie. Nie per toeval nie. Nie per geluk of ongeluk nie. Nie bloot vanweë die kosmiese of biologiese sameloop van lewensplasma nie. O, daar kom natuurlik dae dat 'n mens so vóél. Wanneer niks meer sin maak nie. Wanneer jy jou blind kan staar op die dinge wat jou tafel vol lê, en jou agenda volmaak. Wanneer jy só meegevoer kan raak in die sleurstroom van die lewe en die alledaagse, dat jy nie meer die groter prentjie van God se plan kan raaksien nie. Wanneer jy jou kop moedeloos bly stamp teen die sogenaamde blinde noodlot. Dan moet jy weet: Die geheim van my lewensloop word ontknoop in God se boek. Moet jy oor en oor vir jouself sê as 'n geloofsrefrein: *Al my lewensdae was in u boek opgeskrywe nog voordat ek gebore is...*

Wanneer jou eie planne nie uitwerk nie, en die lewe 'n ander koers inslaan as wat jy gehoop het, of wanneer jou planne en ideale vir jou kinders of kleinkinders nie uitwerk nie en jy diep bekommerd oor hulle raak, is dít ons enigste troos: *Ook hulle lewensdae is, soos myne, in die boek van die Here opgeskrywe nog voordat ons gebore is...*

Nog voordat ons gebore is? Ja, ek glo dat "lewe" begin voordat ons gebore is – in die Plan van God. Voordat ons tweeling gebore is, het my vrou 'n aantal vroeë miskrame gehad. Ek het baie gewonder oor daardie "lewe", voor geboorte. Ná een so 'n miskraam, het ek 'n gedig geskryf:[9]

Miskraam

Kind
vandag het ek jou
tussen grys koördinate
op 'n sonarskerm
gesoek

jy was nie daar nie
jy sal daar nooit wees nie
was jy ooit

'n geskiedenis
'n gedagtenis
'n mens?

ek sal jou nooit vertroetel nie
knus aan my bors kan koester nie
jy het gegaan

en in my hart kom lê

ek groet jou
ongevormde klomp
onbekend
bemind
my kind.

---

9   Die gedig is op 4 Januarie 1990 geskryf.

Het God van hierdie "kind" geweet? Sy of haar naam geken? Dit laat ek oor aan die Geheimenis agter, in, en voor alle lewe – die Een wat ek met die Naam "God" aanroep…

'n Mens sou die vraag kon vra: Maar beheer hierdie God dan letterlik álles, van die groot en verskriklike dinge soos dood en oorlog, tot by die kleinste besonderhede van ons elkedagse bestaan? Is dit Hy wat besluit of ek 'n oop parkeerplek reg voor die inkopiesentrum gaan kry, en of ek ses blokke verder moet ry? Wat bepaal watter kleur hemp of rok ek gaan koop? Of ek my toon teen die randsteen gaan stamp? Is God klein genoeg om by sulke onbenullighede betrek te word?

'n Mens kan op verskillende maniere hieroor oordeel. Jy sou in die eerste plek kon aanvaar dat God hoegenaamd niks hiermee te make het nie. Jy sou Hom geheel en al uit die prentjie kon dink. Wat dus met jou gebeur, is bloot die sameloop van 'n aantal omstandighede, die gunstige of ongunstige saamval van koördinate van tyd, plek en gebeurlikheid, bloot 'n geval van geluk of ongeluk, van die noodlot, of positiewer gesien: van jou beplanning, jou inoefening om al jou doelwitte in die lewe te bereik. Só 'n siening kan jou – as dinge goed gaan – in die hoogste euforie laat beland, of – as alles skeefloop – in die put van depressie dompel.

Jy sou, as 'n ander uiterste, God só volledig in die prentjie kon *inskryf*, dat mense van vlees en bloed, mense met hulle verantwoordelikhede en besluitnemingsprosesse in werklikheid daaruit verdwyn. Dan word jy bloot 'n marionet, 'n verlengstuk van God, word jou handelinge sommer ook die handelinge van God. So 'n siening kan skrikwekkende afmetings aanneem. Daarmee kan jy jou optredes regverdig as God se optredes, jou vyande etiketteer as God se vyande, jou skuld afskryf as die wanopvatting van ander. Kan jy jou teenstanders intimideer met die hoogste troefkaart wat daar in sielkundige oorlogvoering beskikbaar is: Julle stry teen God self. Hy is aan *my* kant.

Daar is egter ook 'n derde manier van dink hieroor, 'n perspektief wat alleen vanuit die *geloof* verstaanbaar is. Een wat die verhouding tussen God en mens as *verhouding* ernstig opneem. Dan aanvaar jy aan die een kant dat mense sondig is en foute maak. Dat hulle nie wandelende duplikate van God is nie. Dat hulle van nature eerder sy wil weerstaan. Dat die negatiewe dinge wat op hierdie aarde gebeur daarom ook nie sondermeer God se wil nie, maar óns skuld is. Oorloë, geweld en dood is die uitvloeisels van ons vergrype.

Aan die ander kant bied dit die troos dat God mense nie aan hulleself oorlaat nie, dat Hy selfs die negatiewe dinge wat ons doen ten goede kan laat omswaai, en dat Hy inderdaad tot in die kleinste besonderhede van ons lewens by ons betrokke is en bly. 'n Mens kan dit nie persoonlik en "klein" genoeg sê nie: God het die hare op ons kop getel. Hy weet wat elke uur van ons bestaan inhou, met al die groot en klein gebeurtenisse daarin. Tot by vol parkeerplekke en skerp randstene.

God is groot genoeg om klein genoeg te wees om in ons onbenullighede belang te stel. Hy dwing homself nie aan ons op nie, neem nie sommer die besluit oor die kleur hemp of rok wat ek wil koop uit my hande nie, maar Hy bly nader aan my as my hemp of rok (Luther). Hy staan in 'n *verhouding* met my. Dit beteken: God is 'n Helper, ook in die kleinste detail van my lewe, maar nie 'n Suksesresep vir al *my* ideale nie.

Om op hierdie verhoudingspad met geloof te loop, is nie maklik nie. Dis trouens 'n baie moeiliker pad as om God óf volledig uit, óf volledig in te skryf in die prentjie van ons lewens, soos ek vroeër gesê het. Geloof vra vertroue, en vertroue impliseer om nou nog nie te sien nie. Dis om soos Habakuk te sê: Nogtans…[10]

Of, met meer woorde:

Al sou die vyeboom nie bot nie, Here, en daar geen druiwe aan die wingerde wees nie. Al sou die olyf-oes misluk, en die lande geen oes lewer nie…

En al sou die verlang tot diep in my oë gaan lê, en die bang en onsekerheid bietjies-bietjies in my hart wegkruip.

---

10   Habakuk 3:18.

Al sou die pad kilometers vol grond en gate voor my voete uitloop, en my hart se probeer moeg raak.

Al sou my oë sukkel om die son raak te sien, die son wat U elke dag op my pad kom neersit.

Al sou my kop aanhou probeer om my hart te verstaan, en my bid party dae moeg voor U kom kniel... nogtans sal ek in U bly glo.

Sal ek glo dat U hart goed is, en liefde is.

Nogtans sal ek elke môre stil luister of ek U stem hoor. Want dit is U wat vir my die krag gee om elke oggend op te staan en my stukkie pad voluit te stap.

Dit is U wat my hart se huil stilmaak en die stukkies verlang gaan wegbêre, daar waar dit hoort.

Dit is U wat die verlede se onthou toevou in U hande, en dit eenkant neersit, daar waar dit my nie meer kan raaksien nie.

Dit is U wat langs my kniel en my optel, as die pad vir my te lank word.

Daarom sal ek glimlag oor U.

Daarom sal ek elke oggend U vrede diep in my hart gaan wegbêre.

Daarom sal ek my kop oplig en die lewe stil in die oë kyk... want U, Here, loop saam met my. Elke dag. Altyd. En dit is vir my genoeg.[11]

Om te glo beteken dat óns verantwoordelikhede nie uitgeskakel word nie, en ons nie willose pionne op God se skaakbord word nie. Inteendeel, die Here skakel ons juis met ons verantwoordelikheid ín. Dat God 'n plan het, maak ons nie planloos nie; dat God voorkennis het, maak ons nie onverantwoordelik nie. Trouens, die hele teenstelling tussen God se voor-kennis en ons verantwoordelikheid tref jy nie eintlik in die Bybel aan nie.

---

11   Bron onbekend.

Dit laat my dink aan die beeld wat die ou uitlegger AW Tozer gebruik het. Ons is soos mense op 'n passasierskip, sê hy, op pad van die een hawe na die ander. Kyk, die roete is klaar vasgelê, is klaar beplan. Die bestemming van dié reis staan vas. Die mense op die skip het egter beweegruimte. Hulle sit nie agter tralies nie, is nie vasgeketting in hulle kajuite nie. Hulle lewe aan boord word nie streng gereguleer nie. Hulle kan eet en slaap, sonbruin brand en op die dek speel, hulle kan lééf onder God se son, voor Hom.

Hulle kan weet: *Al my lewensdae is in u boek opgeskrywe, nog voordat ek gebore is.*

Elke dag van hierdie lewensreis behoort aan die Here.

My eindbestemming is seker.

God se boek sê so.

Slotsom

Die kuns van sin-skepping

In die inleiding tot hierdie boek, het ek 'n voorlopige beskrywing gewaag van 'n ruimte waarbinne die soeke na sin sou kon plaasvind, as volg:

Die soeke na sin vind plaas in die interspel tussen die ervarings van nie ten volle weet nie, die hoop op ten volle weet, en die goeie nuus dat Iemand ten volle van ons weet.

Ek het dit ook in ander (meer "teologiese" terme), uitgedruk: Die soeke na sin word gevoed in en deur die interseksies van hermeneutiek (die kuns van interpretasie), hoop (die kuns van verwagting), en heling (die kuns om getroos te word).

Kom ons herbesoek nou kortliks hierdie gedagtes in die lig van wat sover gesê is

Eerstens, om "betekenis" te vind, is nie gelyk te stel met die verkryging van volledige kennis nie. Die werklikheid is dat ons nie alles weet oor die basiese vrae van die lewe nie, naamlik: Waar kom ons vandaan; wie is ons, en waarheen is ons op pad? Dis wel duidelik dat ons baie weet, en dat ons kennis vinnig toeneem, veral ook in verband met hierdie vrae. Die vakgebiede van kosmologie en astrofisika, van antropologie en psigologie, tegnologie en toekomskunde vul byvoorbeeld voortdurend die gapings in ons kennis met nuwe moontlikhede in, is voortdurend besig om asemrowende ontdekkings te doen.

Maar selfs nou weet ons nog nie, verstaan ons dalk nog minder die diepste geheimenisse van hierdie kosmos en ons rol en plek daarin – met ander woorde van die "betekenis" van ons lewens. Terwyl daar in die astrofisika ironies genoeg gepraat word van 'n "teorie van alles", dit wil sê 'n teorie wat die diepste geheim van letterlik alles moet verklaar wat binne (of buite?) tyd en ruimte bestaan, soek ons nog steeds, en nou dalk selfs meer, na die "teorie van alles". Veelseggend word 'n ander, opwindende wetenskaplike ontdekking oor wat dan die uiterste (of diepste?) grens sou wees van alles wat bestaan, die "God Particle" genoem.[1] Hierdie soeke na die diepste en uiteindelike sin van alles, is egter – om niemand minder nie as Stephen Hawking aan te haal – slegs 'n eerste stap om die gedagte van God te begin begryp.[2]

Van God gepraat – in terme van teologie, wat deel vorm van die menslike soeke na sin binne die geheimenisse van die lewe, is daar 'n bykomende dimensie: Teoloë praat, of probeer ten minste praat, oor die diepste Geheimenis van almal, naamlik God. Ook hier moet ons toegee: Ons weet nie alles oor God en die skepping, en die oorspronge van ons bestaan nie. Ook weet ons nie alles oor die toekoms, oor die uiteinde van ons bestaan nie. En ons weet ook nie alles oor die maniere waarop ons behoort te leef in die hede, oor die modi van ons alledaagse bestaan nie. *Ons weet nie* – dit is 'n integrale deel van die geloofsbelydenis van alle teoloë, en van alle gelowiges – of behoort ten minste te wees.

Hierdie realiteit – dat ons nie alles weet nie – vra vir 'n groter sensitiwiteit en inagneming wanneer ons met, en veral oor, mense praat. Ons moet stadig wees om te praat, en selfs stadiger om te oordeel. Ons moet die versoeking weerstaan om te stereotipeer en te stigmatiseer, en uiteindelik te ekskommunikeer.

Maar dit vra ook vir 'n bepaalde huiwering wanneer ons oor God praat. Ons praat te maklik oor "God". Te glad en te

---

1   Sien weer my bespreking in Hoofstuk 2; ook Greene, *The Elegant Universe*, 364-370, 385-386, waar hy praat oor "the theory of everything"; ook Robert Oerter, *The Theory of Almost Everything: The Standard Model, the Unsung Triumph of Modern Physics* (New York: Pi Press, 2006); ook Ian Sample, *Massive: The Hunt for the God Particle* (Stirlingshire: Virgin Books, 2010).

2   "… a first step toward knowing the 'mind of God'." Stephen Hawking, *A Brief History of Time* (New York: Bantam Books, 1988), 175. Ek lewer hier geen oordeel oor hoe Hawking die begrip 'God' verstaan het nie.

gou. Dikwels is dit ons preke wat God "uitwis", letterlik dood-praat. Ons moet die versoeking weerstaan om "Die Waarheid" te proklameer, asof ons dit in ons greep het. Ons moet versigtig wees om nie vasgelegde Godsbeelde te konstrueer asof ons God in graniet kan giet nie. Ons moet daarteen waak om God nie te patenteer en in te plooi in ons planne nie. Baie van ons Godsbeelde word in elk geval geskep om ons eie agendas te pas, en word gevorm binne ons tydsgebonde raamwerke.

Vanselfsprekend kan ons nie sónder Godsbeelde klaarkom nie; trouens, ook as teoloë word ons voortdurend opgeroep om Godsbeelde te skep. Maar terselfdertyd word ons ook geroep om hulle af te breek; om Godsbeelde te verbeel(d), net maar om hulle te her-verbeel(d); om Godsbeelde op te stel, om hulle af te haal – omdat ons weet, of behoort te weet, dat hierdie beelde te eng en te nou is; dat God se Beeld nie gekontroleer of vasgevang of ingeperk kan word in enige vorm, ruimte, of tyd nie.[3]

Al hierdie prosesse impliseer die kuns van interpretasie, dit wil sê hermeneutiek. Laasgenoemde handel nie oor die *duplisering* van sekere "waarhede" ten einde hulle beter te verstaan nie, maar oor die *interpretasie* van hierdie waarhede, in hulle onderskeie verbande met die lewe, soos dit onder andere uitgedruk word in kuns, tekste, musiek, ensovoorts.

Hierdie interpretasie van die lewe geskied egter nooit op 'n "objektiewe" manier nie, maar altyd vanuit 'n subjektiewe gesigspunt, en ook in hierdie sin "skep" ons voortdurend sin. Interpretasie impliseer daarom altyd *appropriasie,* oftewel die toe-eiening van die "realiteit" op só 'n manier dat dit vir ons sin "maak". "Betekenis" – as ons dit in verband met interpretasie wil verstaan – is nie iets wat "daarbuite" iewers bestaan nie; dit gebeur eerder voortdurend, of word geskep, in en deur ons pogings om sin te skep, of weereens in die woorde van Victor Frankl: *Die sin van die lewe is om sin aan die lewe te gee...*

---

3   Sien my bespreking in Johan Cilliers, *Timing Grace*, 61v.

Soos ek voorheen vermeld het, is hierdie sekerlik 'n ernstige saak, maar terselfdertyd ook speels; trouens, ons moet meer erns maak met ons spel. Ons speel, ons "peuter" met moontlikhede, met fragmente; ons is *bricoleurs*, besig om dit wat ons in die lewe ervaar te interpreteer in die hoop om nuwe kennis te ontdek, en in die verwagting om verras te word deur vreugde.[4]

Hierdie is die eerste kopskuif wat moet plaasvind as ons ons op die soektog na sin wil begeef: Dit bly, ten minste vir nou, inderdaad 'n *soektog*, 'n proses, 'n pad om op te reis, 'n weg vir pelgrims. Martin Luther het eenmaal hierdie sentimente geëggo:

> *Hierdie lewe is nie vroomheid nie, maar om vroom te word; nie gesondheid nie, maar heling, nie wees nie, maar wording, nie rus nie, maar inoefening. Ons ís nog nie, maar ons word; dit is nog nie afgehandel nie, maar is in proses en aan die gebeur. Dit is nie die einde nie, maar dit is die weg. Alles is nog nie glansryk en skitterend nie, maar alles word gereinig.*[5]

Tweedens, om te soek na "betekenis" beteken nie dat ons bly ronddwaal in 'n ewige labirint van nie-weet nie. Inteendeel, ons leef in die verwagting van volledige kennis. As dit nié so was nie, was ons nie veel anders as 'n marmotjie wat alewig op sy trapmeul hardloop nie – skynbaar baie, baie besig, sonder om 'n millimeter te vorder. Ons *is* op pad êrens heen, en hierdie kennis kleur ons optrede, en vervul ons met hoop. Ons weet – alhoewel ons nie presies weet hoé nie – dat daar "iets" in die

---

4   Vgl. die titel van die boek van C.S. Lewis, 1955, *Surprised by Joy: The Shape of my Early Life.*

5   In die oorspronklike: "Dieses Leben ist keine Frömmigkeit, sondern ein Fromm-Werden. Keine Gesundheit, sondern ein Gesund-Werden. Kein Wesen, sondern ein Werden. Keine Ruhe, sondern ein Üben. Wir sind es noch nicht; werden es aber. Es ist noch nicht getan oder geschehen, es ist aber im Gang und im Schwang. Es ist nicht das Ende, es ist aber der Weg. Es glüht und glänzt noch nicht alles, es reinigt sich aber alles." Martin Luther, *Pastoral Writings: Auslegung zu Philipper* 3:13.

lug is. Ons voel aan (ons sou dit ook geloof kon noem) dat daar Iemand is wat ons van alle kante omsluit, en wat ons vorentoe neem, die toekoms in. Ons is nie marmotte sonder moed nie.

Ek onthou hoedat ek eendag aan die ontbyttafel saam met Rudolf Bohren, my destydse studieleier, woonagtig in Dossenheim, Duitsland gesit het – hy het nou al 'n keer of wat in hierdie boek opgeduik – en hy my van die volgende insident in sy lewe vertel het. Hy en sy vrou, Ehrentraut, het een oggend by daardie selfde ontbyttafel gesit, en sy het by die venster uitgekyk en gesê: *"Rudolf, dit gaan reën."* Hy het ook by die venster uitgekyk, die wolke gesien wat saampak, en geen rede gevind om van sy vrou se weervoorspelling vir die dag te verskil nie.

Maar, het Bohren gesê, hierdie aankondiging van die moontlikheid, selfs waarskynlikheid van reën het hom nie regtig geraak nie, aangesien dit sy plan was om die res van die dag in sy studeerkamer deur te bring, om aan die boek te werk wat hy besig was om op daardie stadium te skryf. Ná 'n paar uur het die wolke begin opklaar, en kolle blou lug het sigbaar geword. Bohren en sy vrou het besluit om in die aangrensende woud (Odenwald) te gaan stap, soos hulle dikwels gedoen het..

Hierdie woud was vir hulle 'n magiese plek, met verrassings om elke hoek en draai. Hulle was toegewyde stappers, het 'n vinnige pas gehandhaaf, en 'n lang afstand in 'n relatief kort tyd afgelê. Ek kan hiervan getuig, want ek het al saam met hulle daar gestap. Ehrentraut was 'n lang, statige Duitse dame, wat sulke lang, afgemete treë gegee het. Bohren was 'n kort, Switserse man, wat kort trippeltreë gegee het, om in pas met sy vrou te bly. Ek het soms tussen hulle gestap, en my eie pas was meestal gebroke – dan lank, dan kort, omdat ek onseker was wie nou eintlik hier die pas aangee...

Wel, daardie dag toe hulle alleen gestap het, sien hulle toe dat die wolke weer begin saampak, dat die lug donker word, swanger met die moontlikheid, of eerder waarskynlikheid, van reën. Die blare het skielik begin ritsel in die wind. Ehrentraut het na die lug gekyk, en presies dieselfde woorde wat sy daardie oggend aan die ontbyttafel gesê het, herhaal. Dieselfde sinskonstruksie, gebruik van grammatika, ensovoorts – presies dieselfde – en tog, totaal anders: *"Rudolf, dit gaan reën."*

Hierdie keer het die aankondiging van reën vir Bohren en sy vrou geraak, onontkombaar. Hierdie keer was hulle nie onder die skuiling van 'n dak nie. Hierdie keer het dit hulle optrede gekleur – hulle het omgedraai, selfs vinniger gestap, en hulle oë voortdurend op die wolke gehou. Die aankondiging aan die ontbyttafel is met neutraliteit begroet; die een onder die oop lug met 'n dringende verwagting. Die magiese woud het skielik vol bedreiging geword – of was dit bloot die besef dat die ritme en die seën van die reën nie gekeer kan word nie, en dit hulle nou, hier, aan eie lyf gaan raak?

Toe Bohren by hierdie deel van die vertelling kom, het hy 'n vonkel in die oog gehad, en iets soos die volgende gesê: "Jy weet, so dikwels is ons – letterlik – teoloë-in-ons-studeerkamers, sit ons by ons lessenaars en skryf ons mooi boeke en dink ons wonderlike teologiese konstruksies uit, en ons is heel tevrede. Maar ons behoort na buite gebring te word, onder die oop lug. Ons behoort na bo te kyk in die afwagting dat die druppels enige oomblik op ons koppe gaan val, en ons moet ons treë begin rek. Ons moet anders praat, anders sê, as sommer net so: Daar is Iets in die lug, oftewel: God is hier teenwoordig..."

Vir my het hierdie verhaal oor die staptog deur 'n woud 'n soort metafoor geword van hoe om teologie te beoefen, en veral: hoe om te hoop. En ook in hierdie sin: om na sin te soek.[6] Die toekoms is nie ver weg nie; dit is hier, nou. Die ewigheid is nie op die horison nie; dit is naby ons, om ons, dit omsluit ons van alle kante, vul die lug rondom ons. Al wat ons moet doen, is om te kyk, en te sien, dat hierdie oomblik ook ewigheid is.

In die soeke na sin moet ons weet dat ons nie weet nie, en dat ons op pad is. Maar terwyl ons op hierdie pad is, moet ons ook ons oë op die lug hou, wetende dat dit wat nog moet kom, alreeds aan die kom is, inderdaad alreeds gekom hét. Die

---

6   Sien weer my bespreking in die Inleiding.

druppels van genade op genade hang alreeds swaar aan die dak van die hemel, swanger met belofte, is trouens alreeds besig om te val...

Ons het egter ook 'n *derde* modus van kennis nodig as ons nader aan "betekenis" wil kom. Soms word die pad waarop ons reis vir ons te lank, word ons uitgeputte pelgrims wat moet ophou stap, en moet gaan sit. Soms soek ons naarstiglik na 'n bank, 'n sitplek langs die pad, waarop ons tog net kan gaan rus, net wéés...

Dit is hier waar die derde modus van kennis tot ons hulp kom, en ons help om heel te word. Om te weet dat Iemand volledig van jou weet, is om getroos te word. In ons soeke na sin word ons getroos deur die feit dat ons volledig geken word, selfs as en presies omdat ons nog op pad is na volle kennis, en tans in 'n staat van nie-weet-nie leef. Daar bestaan 'n onlosmaaklike verband tussen hierdie drie vorme van kennis, wat nie alleen die soeke na sin verryk en voed nie, maar trouens die ruimte aandui waar hierdie soeke kan plaasvind. *Terwyl ons soek na sin, word ons voortdurend in hierdie ruimte ingetrek: van nie-weet-nie, na weet, na van-geweet-word.*

Dit impliseer dat, alhoewel ons 'n roeping het om te soek na sin in die hoop om 'n voller verstaan van sin te vind, daar tye kom waarin ons ook die sin wat ons reeds gevind het, mag vier. *Ons moet nie net soek na sin nie; ons mag dit ook vier.*

Of, om dit anders te stel: Daar kom tye wanneer ons mag weet dat, alhoewel ons nog nie die volle kennis van sin bereik het nie, hierdie sin óns bereik, óns ingehaal het. Die beweging word dan omgedraai — ons word nou geken, ons word nou die ruimte waar betekenis tuiskom, en ek haas my om by te voeg, soos dwarsdeur hierdie boek: Dit gebeur vanweë genade op genade — wanneer ek oor die skat voor my voete struikel sonder dat ek in die woud daarna gesoek het.

Na my mening is sin iets wat voortdurend "gebeur", in die ineenskuiwing en integrasie van die drie modi van kennis waaroor ons gepraat het, en wat die struktuur van hierdie boek uitmaak. Ons sou dit as volg kon voorstel:

Illustrasie 14: Integrasie: Om die kennis van sin te vind

Laat ons nou, ter wille van verdere verheldering, die volgende hipotese daarstel: Wat sou gebeur as een, of meer, van hierdie vorme van kennis uit die ruimte van integrasie gehaal word, en op sy eie moes staan? As die modus van nie-weet-nie bvvoorbeeld beskou sou word as die enigste, losgemaak van die ander? Dan, sou ek aanvoer, sou nihilisme die logiese konsekwensie wees – "laat ons eet en drink, want môre sterf ons".

Maar dit sou ook kon lei tot oorverhitte aktivisme in 'n poging om tog sin te maak van die getrap op daardie trapmeul. En as jy nie soos 'n marmot op die trapmeul is nie, is jy buite, besig om die wind te jaag in 'n poging om dit te gryp. Nóg nihilisme nóg aktivisme help ons egter, na my mening, in die soeke na sin. Inteendeel, wind-grypers het moeite om 'n greep op sin te kry.

En, wat sou gebeur as die modus van hoop op volledige kennis van die res geskei word? Dan sou mens só futuristies ingestel raak dat jy eintlik ontsnapkunde begin beoefen. Dan is jy nie meer tevrede met kennis, of ten minste kennis van sin in hierdie lewe nie, maar mik jy net na kennis aan die "anderkant". Dan stel jy meer belang in die "lewe na die dood" as in die "lewe voor die dood". Dan is "nou" nie meer vir jou belangrik nie. Maar, sou ek weer wou aanvoer, dan gaan jy lynreg teen die evangelie in wat handel oor God wat hierdie lewe juis binnekom, in die persoon van Jesus. Dan word jy soos die apostels, wat bly kyk na die wolke waarin Jesus weggeneem is, sonder om te besef dat die hemelvaart nie die menswording van Jesus uitskakel nie, maar eerder onderstreep.[7]

Om na die wolke te kyk, is nie noodwendig verkeerd nie – Bohren en sy vrou, Ehrentraut, het byvoorbeeld na die wolke gekyk, maar toe het hulle beweeg, en vinnig ook. Hulle wolke-kyk het hulle optrede gekleur, het verwagting in hulle wakker gemaak wat hulle houding bepaal het. Vir hulle het dit nuwe betekenis gegee aan hulle gewoonte "om te gaan stap".

Futuristiese ontsnapkunde – om stil te staan en na die wolke te staar – kan egter na my mening ook nie help in die soeke na sin nie. Inteendeel, wolk-kykers kan die lewe misloop, en in die proses die vreugde van die ontdekking van sin in hierdie lewe ontbeer. Wolk-kykers mag moeite ondervind om vanweë die vreugde van die lewe, op die maat van die musiek van die genade, te dans. Hulle oë mag so na bo gerig wees dat hulle dalk oor hulle eie voete struikel...

Wat sou gebeur as die derde modus, dié van om-van-geweet-te-word uit die ruimte van integrasie gehaal word? Hier, sou ek sê, sal die gevolg 'n vorm van self-stolling wees, waarin daar só van die lewe ontsnap word dat jy ingekrom word op jou eie lewe. Dan neem jy nie langer deel aan die universeel-menslike soeke na sin nie; leef jy nie meer in die verwagting van nuwe kennis en betekenis nie, maar sirkel jy voortdurend net rondom jouself.

As jy heeltyd rondom jouself sirkel, het jy ook nie tyd vir ander mense nie. Dan verstaan jy nie die betekenis van

---

7   Sien Handelinge 1:9–11.

opoffering en diens ter wille van ander nie.[8] Dan verloor jy so baie van die sin van die lewe, omdat jy nie sin gee aan die lewe van ander nie. Dan sê jy "ek" die hele tyd, op so 'n manier, dat "betekenis" begin en eindig met "ek", en net maar "ek". Maar… "ek" is nie 'n eiland nie. Indien "ek" alleen op 'n eiland is, verstaan jy nie die betekenis van "ons" nie. "Ek" beteken ook "ons". En, soos ek vroeër gesê het, "ons" het die gawe, die genade van gemeenskap ontvang.

Ons is hier, nou.

In klassieke teologiese terme sou hierdie voortdurende kringloop rondom jouself — of roei met jou bootjie rondom jou privaat eiland — piëtisme genoem kon word. Dan, as jy nie besig is om te roei nie, sit jy op jou bankie langs die pad (of voor jou geliefkoosde kaggel!), en weier jy om op te staan. Dan maak jy jouself netjies toe met jou godsdienstige of moralistiese kombersie, in 'n poging om jouself warm te maak teen die koue van twyfel en die uitputting van die pelgrimstog. Dan wag jy heeltyd om opgewarm te word, om getroos te word, en vergeet jy dat ander ook warmte en troos nodig het.

Weereens, na my mening: Kringlopende piëtisme, sonder opofferende diens ter wille van die "ons", bied nie werklik moontlikhede om sin te skep nie. Dit eindig eerder by melankolie — wat waarskynlik die sirkel terugneem na nihilisme.

Nóg wind-grypers, nóg wolk-kykers, nóg kring-lopers het 'n goeie kans om sin te vind of te vier. Daarvoor moet hulle eerder in die ruimte van kennis-integrasie her-ingevoeg word, soos bo voorgestel.

Wind-grypers het nodig om die kuns van interpretasie aan te leer, dit wil sê om te besef dat die lewe uit fragmente bestaan wat (spelenderwys) soos balle in die lug gehou moet word, en wat nooit ten volle saamgevoeg kan word nie.

Wolk-kykers het behoefte aan die kuns van verwagting, dit wil sê om in te sien dat die "toekoms" nie êrens, ver op die

---

8   Sien ook die bespreking in Hoofstuk 2.

horison lê en wag nie, maar dat dit voortdurend in die hede inbreek – vir ons om te onderskei, met hoop.

Kring-lopers moet die kuns van heling nuut verstaan, met ander woorde dat ons geken word deur Iemand anders as onsself, en dat hierdie "om-van-geweet-te-word" troosryk bo alle woorde is, maar ook só uit genade geskenk word dat ons van ons rusbanke af kan opstaan en uit ons kringe moet uittree, om hierdie troos met ander te deel om só ook sin aan hulle lewens toe te voeg.

Weer, by wyse van 'n illustrasie:

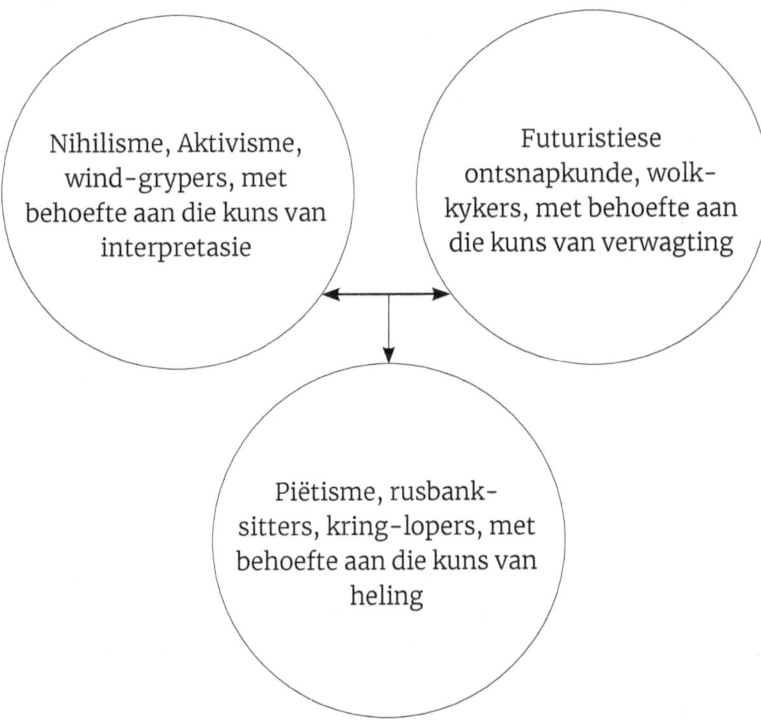

Illustrasie 15: Disintegrasie: Om die kuns van sin te verloor

Ek verwys na die "kuns" van interpretasie, verwagting, en heling, en doen dit doelbewus. Hierdie vorms van kuns kan, na my mening, floreer binne 'n estetiese benadering tot die lewe, soos ek reeds in die inleiding tot hierdie boek gesuggereer het. Dit is by wyse van estetika dat ons met interpretasies kan speel, dat ons die teenwoordigheid van die toekoms in die hede kan onderskei, dat ons ons dankbare vierings van die gawes van die lewe kan inklee – op maniere wat woorde oortref.

Nou ja, as ons woorde dan oortref word, is dit seker ook nou tyd om op te hou praat... of ten minste amper.

Nou, hier is ek, aan die einde van hierdie boek, waar ek begin het. Dit het hopelik duidelik geword dat die (her)ontdekking van die feit dat ek hier en nou is, op geen manier 'n vinnige oplossing van die lewe se kompleksiteite verteenwoordig, of 'n kortpad vir die soeke na sin, of 'n ontsnapping van die werklikheid voorhou nie. Hierdie boek is ook nie bedoel as net nóg 'n slagspreuk of self-help skema of goed-voel truuk in hierdie verband nie.

Inteendeel, dit veronderstel 'n proses, 'n lewenslange reis, 'n voortgaande worsteling met die spanning en uitdagings en frustrasies van nie-weet nie; met die vreugdes en ervarings en flitse van toekomstige-weet-in-die-hede; met die onuitspreeklike troos van om-van-geweet-te-word. Om te sê: Ek is hier, nou, is nie goedkoop nie. Genade ook nie.

Immanuel Levinas het aangrypend geskryf oor hierdie ontdekking dat ek hier en nou is. Hy noem dit ons identiteit, wat van die begin af in die vorm van 'n akkusatief verwoord word: Dit is ek, en hier is ek (*me voici*).[9] Om "ek" te wees, is om op die beste plek te wees, maar dit is ook ontblotend, dikwels vreesaanjaend. Om "ek" te wees impliseer om te begeer (*désir*), wat nie dieselfde is as om 'n behoefte te hê aan bevrediging, of bloot 'n funksionele gevolg van ons bestaan te wees nie. Dit handel eerder om verlange en hunkering, om 'n soort eksistensiële onrustigheid, 'n ernstige soeke en vraag – na sin. Dit sou ook beskryf kon word as eerbare magteloosheid, of, wanneer die lewe onverwagse draaie met jou maak, selfs as 'n toestand van eksistensiële duiseling.[10]

---

9   Immanuel Levinas, *Une réligion d'adultes*, 41.
10   Ibid., 24-41.

So is dit. Ons weet nie alles nie, en soms kom 'n swart swaan ons rustige lewenspoel binnegeswem. Dan is dit tyd om op te kyk, of liewer in te kyk in ons "ek-wees" in Christus, wat (Wie) ons toekoms, nou is. Dan word dit tyd om te sê: Hier is ek, nou, in Christus – getroos op maniere waarop ek dit nie vir myself, of ander, sou kon doen nie.

So, *hier is ek, nou,* aan die einde van die boek, waar ek begin het.

Nou – Ek het die genadegawe van tyd, van 'n oomblik, van oomblikke ontvang.

Hier – Ek het die genadegawe van ruimte, van hier-wees ontvang.

Is – Ek het die genadegawe van lewe, van bestaan ontvang.

Ek – Ek het die genadegawe van ek-wees, van individualiteit ontvang.

Ons – Ons het die genadegawe van saam-wees, van gemeenskap ontvang.

Ons is hier, nou.

Ek is hier, nou.

Of nee wag, ek is nog nie aan die einde van hierdie boek nie, en my woorde het nog nie (heeltemal) opgeraak nie – net so min as wat ek klaar geskryf het oor die "sin van ons lewens".

Die allerlaaste wat ons kan en moet sê oor ons soeke na sin is tog die liefde, soos Paulus ook in 1 Korintiërs 13 aanvoer. Om nie te weet nie, vra geloof; om te weet dat ons volledig sal weet, roep hoop wakker; om getroos te word deur Iemand wat alles van my weet, is om in die ruimte en tyd, of eerder: ewigheid van die liefde ingebring te word.

Ek is hier, nou; ons is hier nou – in die ewige troos van die liefde. Dié liefde vergaan nooit nie, dit is die allerbeste.[11] Dít is waarheen die soeke na sin ons uiteindelik lei: om in die Lig van hierdie Liefde, getroos, met volle kennis, tuis te kom.

---

11   1 Korintiërs 13:1.

Kan ek dit weer probeer illustreer?

Illustrasie 16: Integrasie: Om sin te vind in die Liefde

Sou ons daardie oorvleueling van ruimtes "hemel" kon noem? Of meer nog: die nuwe aarde onder die nuwe hemel? Om (uiteindelik) sin te vind – in die Liefde?

"En die grootste hiervan is die liefde..."

1 Korintiërs 13:13

Wat sou 'n miljoen jaar van vandag af nog presies dieselfde wees?[1] Wat sou 'n ewigheid van nou af nog bestaan, wanneer alles vergaan? Belangrike vrae! Want, van die meeste dinge in die lewe sou ons tog moes sê: Dis soos die sandkasteeltjies wat ons as kinders op die strand met ons grafies en emmertjies en skulpversierinkies gebou het – soms 'n hele dorpie daarvan. Totdat die onvermydelike elke keer gebeur het, en die eerste brander van die inkomende gety ons imposante bouwerk voor ons oë kom vernietig het, met sy wit skuim ons nougesette arbeid weggespoel, platgevee, uitgewis het (sien Illustrasie 17).

Stel jouself dit voor...

Soos dit oënskynlik maar met álles in die lewe gebeur. Die gety van die tyd gaan oor ons almal heen, die branders van die ewigheid maak ons almal uiteindelik gelyk. Níks bly ewig staan nie. Selfs nie eers die hoogste en beste gawes wat God self aan ons gee nie...

Paulus skryf breedvoerig hieroor in sy brief aan die Korintiërs, 'n gemeente waarin daar nie alleen 'n ryke verskeidenheid van gawes was nie,[2] maar ongelukkig ook onderlinge verdeeldheid.[3] Daar was ook 'n dwaallering wat gesê het dat die volmaakte alreeds gekom het, en dat die gawes wat God gee daarom 'n doel in sigself was, 'n eindpunt in God se handelinge met die gemeente. Hierop moet Paulus 'n lewensnoodsaaklike korreksie aanbring, 'n verruiming van perspektief voorhou. In die proses skryf hy van die mooiste,

---

1   Wat volg is 'n ekserp uit Johan Cilliers, *In die Greep van God*, 53-58.

2   1 Korintiërs 12.

3   1 Korintiërs 1:10-17.

Illustrasie 17: *Gety* (2023)
Johan Cilliers

maar ook diepsinnigste woorde oor die lewe en die sin daarvan neer – nie alleen in 1 Korintiërs 13, die sogenaamde hooglied van die liefde nie – maar ook in 1 Korintiërs 15, die uitroepteken oor die opstanding, waarin hy uitvoerig verklaar dat die volmaakte nog moet kom. Die opstanding is die vervulling van die liefde; die liefde vloei voort in die opstanding. Om met 'n beliggaamde bewussyn, en 'n beliggaamde samesyn in die "hiernamaals" te bestaan, is slegs sinvol as dit binne die ruimte van die Liefde plaasvind…

Die gawes wat God gee, is wonderlik, sê Paulus, dis onontbeerlik vir die opbou en waaksaamheid van die gemeente, maar dit hoort uiteindelik tog maar net op die strand van hierdie bedeling, dis gegee vir die tydvak van die onvolmaakte waarin ons ons nou nog bevind. Ook dít sal eendag ophou, deur die gang van die gety ingehaal word. *En, as die branders terugtrek, is al wat agterbly die liefde, en dit wat in liefde gebou is.*

Die liefde vergaan nooit nie.[4] Kan ons dit genoeg sê, genoeg hoor? Ek kan dit self nie goed en mooi genoeg sê nie, so ek roep weer 'n aantal (woord)kunstenaars op om my te kom help.

Die eerste stem wat ons hoor, is dié van Günter Jacob:

Selfs al sou ek 'n woordbegaafde en glansende kanselredenaar wees,

selfs al sou ek 'n diep begronde teoloog en 'n vroom mens wees,

selfs al sou my geloof 'n ongewone vastigheid en krag hê,

selfs al sou ek as my persoonlike bydrae in die stryd teen wêreldhonger self honger ly,

selfs wanneer ek my ter wille van die saak van God deur vlamme laat verkool,

en my ook nie om Godswil deur lyding laat afskrik nie –

as ek dit nie alles doen deur die liefde van God wat daagliks opnuut aan my geskenk moet word nie, maar uit een of ander

---

4   1 Korintiërs 13:8.

*geheime drang om myself te laat geld, of uit 'n pligsgevoel,
of uit my geestelike, morele en kerklike dinamiek, dan is dit
'n ronde nul. Dan het dit hoegenaamd geen sin nie. Want,
in my teologiese arbeid, in my prediking, in my sielsorg, in
my onderrig, in my samelewingsaktiwiteite, ja selfs in my
stryd vir die kerk tel alleen die Agape, die liefde van God
in Christus.*[5]

Ja, die liefde is inderdaad groter as die geloof en die hoop.[6]
Want geloof sal eenmaal oorgaan in aanskoue. En hoop sal
eendag die vervulling van al God se beloftes smaak. Maar die
liefde verander nie, en gaan nooit verby nie. Dis ewig. Soos God.
God ís liefde.[7] *Die inspanning van die geloof en die uitgestrektheid
van die hoop word uiteindelik opgeneem in die blydskap van die
liefde.* Kan ek maar 'n tweede stem laat opklink, bietjie eietyds?

*Al kan ek tien tale praat
en al kan ek die heel beste preek,
as ek die liefde nie het nie,
is alles vergeefs.*

*Al weet ek alles van ruimtevaart en atoomenergie,
van kuns en tegniek;
al het ek 'n formidabele geloof waarop
almal jaloers is,
as ek die liefde nie het nie,
is al my kennis en insig nog steeds waardeloos
en is alles vergeefs.*

*Al gee ek my sakgeld vir minder bevoorregtes
en al het ek my lewe veil vir 'n "goeie saak",
sonder die liefde is dit 'n dwase vertoning
en alles vergeefs.*

---

5   Soos vertaal en aangehaal uit Johan Cilliers, *In die Greep van
God*, 54.

6   1 Korintiërs 13:13.

7   1 Johannes 4:8.

Die liefde gaan nooit verlore nie.
Preke sal wel eendag verstom.
En entoesiasme sal later verflou.
En alle geleerdheid sal in die vergeetboek staan.
Dan sal net die liefde oorbly
saam met geloof en hoop.
En die sterkste van hulle almal
sal die liefde wees.[8]

Die liefde vergaan nooit nie.[9] 'n Miljoen jaar van nou af – en sit sommer 'n paar miljoen by, as jy wil – sal dit nog dieselfde wees. Dít sal ewig bestaan, al sou alles vergaan.

Moenie misverstaan nie – die gawes wat God vir hierdie lewe gee, is wel uiters belangrik. Dis ons roeping om met al die energie en kreatiwiteit tot ons beskikking aan ons sandkastele te bou. Ons mag nie maar sê: Ag, dit word in elk geval weggespoel nie. Ons mag nie ophou met ons bouwerk en op die oopslaanstoele gaan sit om sonbruin te brand nie, of erger nog, met gevoude arms onder die sonsambrele sit en wag op die gety van die ewigheid nie. Nee, ons moet ons grafies en emmertjies uithaal en bou. Ons moet ons bes doen om die verstrooide fragmente – en die beskikbare skulpies – mooi en sinvol in te plooi in die plan van ons sandkasteel-konstruksies.

Maar ons moet weet: Dit bly alles inderdaad nog 'n kinderspel. In hierdie bedeling praat ons nog soos kinders, dink ons soos kinders, redeneer ons soos kinders.[10] Die hoogste waartoe ons in staat is, is steeds maar 'n kindergebrabbel. Ek is (van baie dinge) onseker, maar hiervan is ek seker – alles wat ek tot dusver in hierdie boek geskryf het, is kleutertaal, peuterklanke, babageluidjies.

Maar, al is dit die gepraat van 'n peuter, as dit in liefde plaasvind, is dit vol ewigheid, is dit die *allerbeste spel* waarmee ons (en ek) ons lewens kán vul…

---

8   Verwerking uit S. van der Land, *Gods Bestseller voor Tieners* (Kampen: Kok, 1971), 72.
9   1 Korintiërs 13:8.
10   1 Korintiërs 13:11.

Die liefde omsluit al die gawes wat God gee én oortref dit. Die liefde is wesenlik. Die liefde is ons skakel met die ewigheid, is die verbindingslyn tussen die hede en die toekoms. Wat 'n asemrowende gedagte: As ons liefhet, is ons binne-in die ewige, en meer nog, is die ewige binne-in ons. Dan breek die ewige in ons hede in. Dan – as 1 Korintiërs 13 in ons lewens waar word – word iets van 1 Korintiërs 15 ook in ons lewens waar, word ons elke dag uit ons doodse liefdeloosheid opgewek om lief te hê; vind die liefdesopstanding plaas, hier en nou; word elke oomblik ewigheid...

Die liefde waarvan Paulus praat, is inderdaad nie bloot 'n teorie nie, maar 'n saak vir elke dag, vir die harde werklikhede van ons lewens. Ek moet elke oggend hierdie gebed bid:

O God, vul my vandag met u liefde, omskep my sandkasteel boubedryfie in 'n liefdesdaad, 'n ewigheidsdaad. Leer my om dié dinge te onderskei waarop dit werklik aankom.[11]

Want so is dit: As jy nog nie liefgehad het nie, het jy nog nie gelewe nie – in elk geval nie soos God dit bedoel het nie. Al was jou agenda gevul met groot en indrukwekkende dinge, as die liefde nie die ink is waarmee dit alles geskrywe is nie, is jou agenda so leeg soos 'n leegte, so sinloos soos strooi in die wind.

Die liefde, en alleen maar die liefde, is dít wat die lewens van die soekgeselskap-na-sin vol sin kan maak – of jy nou 'n professor in die teologie of geologie of astronomie, of 'n Griekwadigter met die naam Adam is. Sy stem is die derde een waarna ons moet luister. Sê iemand dit mooier as hy? Hier moet 'n mens as 't ware sy stemintonasie hóór:

Al sou ek die tale van mense en van ingele praat,
maar ek het die liefde geloop geruil vir die haat,
dan het ek net 'n raaslike paraffienblik gekom raak.

---

11   Vgl. Filippense 1:10.

Al was ek so slim lat ek nuwe goeters kan maak,
maar ek het die Jirre se liefde buite in die son gelat lê,
dan is ek niks,
hoor wat ek hierdie vandag vir jou sê...

Al gee ek my hele bokke weg, net om die eer te hê,
dan sal al hierdie dinge my nou nog niks gepetaal het nie
as ek nie die liefde uit die jimmel kan geloop haal het nie.

Die regtige liefde dié se bek is nooit nie dik nie,
jy sien hom nie skinder en jy hoor hom nie klik nie,
hy skrywe die kwaad ok nie in boeketjiese op nie.

Die liefde maak alles mooi toe met hom se sawwe karos.
Tale dié hou op, voorspellingse verdro en woorde raak los,
maar die liefde dié sal nou tot by ewigheid toe net so
bly staan.

Toe ek nou 'n kind gewas het, toe't ek sos 'n kind gedink,
en vandag sien ek net troewelte in die gorrawaterse blink,
maar eendag sal ek die Jirre se hele waarlikheid kom weet.

En nou is dit die geloof en die hoop en die liefde wat nou
bly staan,
maar net die liefde sal saam met my na die Jirre se jimmel
toe gaan.[12]

Dis opvallend dat die woord "liefde" in 1 Korintiërs 13 taalkundig gesproke nie eintlik 'n subjek of 'n objek het nie. Die Naam van God kom ook nie eers in die Griekse grondteks voor nie. Is dit nou die liefde van of vir God? Van of vir ons medemens? Of hoe? Dis eintlik alles valse teenstellings. Wanneer Paulus hier en elders van liefde praat, bedoel hy altyd dié liefde wat uit God, deur God en tot God is. Dis die liefde wat God gee, sodat ons dit aan ons medemens kan gee, en so aan God teruggee. Dis die liefde wat God gee en ontvang, ontvang en gee, én wat ons gee en ontvang, en ontvang en gee.

---

12   Uit "Broerse", ongepubliseerde verhoogdrama deur Hans du Plessis.

Dié liefde is nie bloot 'n prinsipe of 'n humanistiese ideaal of 'n menslike mentaliteit of kwaliteit of selfs 'n godsdienstige stemming nie. Dis 'n gawe van God. Daarom vergaan dit nooit nie, al sou al ons prinsipes en ideale en kwaliteite en stemminge al lankal vergaan het. Die Deense filosoof Søren Kierkegaard kan daarom ook nie daaroor uitgepraat raak nie — sy stem is die vierde een, waarna ons gerus maar kan luister:

Wat maak 'n mens groot, bewonderenswaardig in die skepping, welgevallig in die oë van God?
Wat maak 'n mens sterk, sterker as die hele wêreld; wat maak 'n mens swak, swakker as 'n kind?
Wat maak 'n mens standvastig, standvastiger as 'n rots; wat maak 'n mens sag, sagter as was?

Dit is die liefde!

Wat is ouer as alles?
Dit is die liefde.

Wat oorleef alles?
Dit is die liefde.

Wat kan nie geneem word nie, maar neem self alles?
Dit is die liefde.

Wat kan nie gegee word nie, maar gee self alles?
Dit is die liefde.

Wat bestaan, wanneer alles bedrieg?
Dit is die liefde.

Wat troos, wanneer alle troos faal?
Dit is die liefde.

Wat duur voort, wanneer alles wissel?
Dit is die liefde.

Wat bly, wanneer die onvolmaakte uitgedelg word?
Dit is die liefde.

Wat getuig, wanneer die profesie verstom?
Dit is die liefde.

Wat hou nie op nie, wanneer die visioene ophou?
Dit is die liefde.

*Wat verhelder, wanneer die donker woorde tot 'n einde
kom?*
Dit is die liefde.

Wat gee seën, wanneer die genade oorvloedig is?
Dit is die liefde.

Wat benadruk die engele se woorde?
Dit is die liefde.

Wat maak die weduwee se stuiwer tot 'n oorvloed?
Dit is die liefde.

Wat maak die eenvoudige woorde tot wysheid?
Dit is die liefde.

Wat sal nooit verander nie, al sou alles ook verander?
Dit is die liefde![13]

Laat ons daarom in liefde aan ons sandkasteeltjies bou. Só bou,
dat ons bly is, en nie ontsteld nie, wanneer die branders kom
en 'n einde maak aan ons aardse bouwerk. Laat die gety – ook
die gety van die dood – maar inkom. Dit word die gety van die
Liefde wat my inhaal na die ewigheid toe, wat my terugtrek na
die boesem van God, wat my bring by my ewige bestemming:
die Liefde.[14]

---

13   Soos vertaal en aangehaal uit Johan Cilliers, *In die Greep van
       God*, 57-58.
14   Hiermee wil ek (doelbewus) die angel uit die metafoor van
       die see haal, wat in die Bybel dikwels as simbool van die bose

Ek keer terug na waar ek vandaan gekom het: die Liefde.

Dis al.

Maar dis genoeg.

Méér as genoeg.

Of dalk klink die woord "liefde" vir jou te abstrak. Ek sukkel ook om dit onder woorde te bring. Dit bly egter dié liefde waarheen die geskiedenis – alles wat was, is, en sal wees – op pad is. Kom ek probeer (nog) iets daaroor sê:

Ek het eers gedink aan die klassieke uitdrukking in die eerste artikel van die Nederlandse Geloofsbelydenis – dat God die "alleroorvloedigste fontein van alles wat goed is" is. Ja, ek weet dis 'n ou, kerklike dokument – maar sou die liefde nie juis dít wees wat opborrel uit hierdie fontein van alles wat goed is nie? Is die middelpunt van die heelal dan nie so 'n opborrelende, alleroorvloedigste fontein van alles wat goed is nie? Is die liefde nie uiteindelik die samevatting van alle goeie dinge nie?

Ek het ook gedink aan die Hollander, Arnold van Ruler, wat selfs gereken het dat die woord "vreugde" nog meer sê as die woord "liefde".[15] Vreugde oor die skepping en herskepping; vreugde oor die goeie gawes wat God gee; vreugde oor die teenwoordigheid van God self. Dis alles waar. Die triomf van die liefde bring ons by 'n "plek" waar daar geen swaarkry en sorge, geen trane en twyfel meer is nie, alleen maar die alleroorvloedigste vreugde...

Die beste beskrywing van die triomf van die liefde kom uit Jesus se mond. In die gelykenis van die groot maaltyd vertel Hy van die fees waarheen alles en almal in die skepping

en dreigende chaosmagte gesien word. Die liefde oorwin uiteindelik ook hierdie "see", en verander dit in 'n gety van liefde. Sien ook die meditasie oor Openbaring 21 aan die einde van Hoofstuk 2.

15 Arnold A. van Ruler, *De meeste van deze is de Liefde: Het hart omvat de dingen en heeft ze lief* (Den Haag: Van Stockum Publisher, 1975), 37.

genooi is – en waarheen baie blykbaar nie wil gaan nie.[16] Dis verstommend: die eindpunt van die geskiedenis; die doelwit van ruimte en tyd, die vervulling van "die sin van die lewe"... is 'n reusagtige partytjie.

'n Partytjie? Nie die oordeel en die groot afrekening met alle ongeregtighede wat dwarsdeur die eeue onder en tussen mense en die skepping, gesiens of ongesiens, plaasgevind het nie – maar 'n partytjie, 'n feesmaal van ongekende skaal? Ja. Dit staan nie teenoor God se geregtigheid en oordeel nie; inteendeel, hierdie partytjie is die gevolg van God se geregtigheid en oordeel. Alle verborge dinge sál van die dakke af verkondig word, maar die grootste basuingeklank sal dié wees wat die fees aankondig. Waarom? Want die hart van God is 'n hart vol genade en barmhartigheid; 'n hart vol warmhartigheid en liefde. Die hartklop van die heelal, die kern van die kosmos is nie koud en klinies en boos en brutaal nie. Want die hartklop en kern – die God van die kosmos – ís liefde.

En hierdie God beplan 'n feesmaal soos nog nooit tevore nie. Stel jouself dit voor, sover jy kan. Ons kan dit ook maar net in gelykenis-taal doen, metafories, en tog eufories, met die alleroorvloedigste vreugde. Die eindpunt van alles is 'n maaltyd. Hierna – na die storm en stryd van ons aardse bestaan – kom 'n maal. Inderdaad – 'n "hierna-maal(s)". Waar ons sal aansit met beliggaamde bewussyn en beliggaamde samesyn, ook, en veral, met dié God wat liefde ís.

Ek weet dis moeilik om dit voor te stel – veral wanneer jy ontstel word deur lewensmoeite, skynbaar sonder maat. Maar ons ontvang tog so af en toe 'n glimp van hierdie feesmaal. Veral by die Nagmaalstafel, wat tog ook 'n vreugdefees is. Daar kry ons mos 'n voorsmaak van die feesmaal wat die Here self vir ons voorberei, met die beste om te eet en drink, goeie kos en geurige wyn.[17] Of soms ook, altans in my geval, wanneer ek rondom 'n vuur op die stoep van my huisie in die Karoo sit, en vriende die ruimte vul, en tyd sy tred verloor, en ek sowaar meer proe as net 'n lamstjop, en die wyn skielik nie meer net

---

16   Sien Lukas 14:15-24.
17   Jesaja 25:6.

smaak soos 'n kultivar uit Stellenbosch nie, maar soos 'n geskenk uit Kana...

So, hier is ek nou –
kláár geskryf
saam met jou...
Woordeloos, vol verwondering.
Uit die woud
na die see
se strand gebring.
Spelend tussen sandkastele,
ten dele...
Twyfelaar, getroos –
deur die gety
van Liefde ingehaal.
Vol vreugde, by my Maker
se maal.
Sinsoeker, sinsmaker.

Illustrasie 18: Feesmaal (2016)
Johan Cilliers

Bibliografie

Augustine, St. 1998. *Confessions.* Our Lady's Warriors.

Babette's Feast. 1987. [Film]. Regisseur: Gabriel Axel. Noorweë: Danish Film Institute.

Barth, Karl. 1993. *The Theology of John Calvin.* Grand Rapids, MI: WM. B. Eerdmans.

Blixen, Karen (skuilnaam: Dinesen, Isak). 1958. Babette's Feast. In: *Anecdotes of Destiny.* New York: The Random House Publishing Group.

Boeve, Lieven. 2012. The shortest definition of religion 1-3. *The Pastoral Review,* 5(3):4-9; 5(4):4-9; 5(5):18-25.

Bohren, Rudolf. 1983. *Tröstungen.* Wenen: Kaiser Verlag.

Boime, Albert. 2008. Gauguin's D'*où venons-nous? Que sommes-nous? Où allons-nous?* Millenarianism and Necromancy in Fin-de-Siècle France. In: *Revelation of Modernism: Responses to Cultural Crises in Fin-de-Siècle Painting.* Londen: University of Missouri Press. 175-176.

Breton, André. 1993. *Conversations: The Autobiography of Surrealism.* New York: Paragon House. 230-236.

Büchner, Ludwig. 1869. *Der Mensch und seine Stellung in der Natur in Vergagngenheit, Gegenwart und Zukunft: Woher kommen wir? Wer sind wir? Wohin gehen wir?* Leipzig: Thomas Publishing Company.

Campbell, Charles en Cilliers, Johan. 2012. *Preaching Fools: The Gospel as a Rhetoric of Folly.* Waco, Texas: Baylor University Press.

Cilliers, Johan. 1995. *Om God te Sien.* Vereeniging: CUM.

Cilliers, Johan, 1997. *Sal die Regte Jesus Opstaan, Asseblief?* Vereeniging: CUM.

Cilliers, Johan. 1998. *Die Uitwysing van God op die kansel.* Kaapstad: Lux Verbi.

Cilliers, Johan. 1999. *In die Greep van God*. Vereeniging: CUM.

Cilliers, Johan. 2003. *Het God 'n Handvatsel?* Vereeniging: CUM.

Cilliers, Johan. 2004. *The Living Voice of the Gospel: Revisiting the basic principles of preaching*. Stellenbosch: African Sun Media. [https://doi.org/10.18820/9781919980287]

Cilliers, Johan. 2011. Fides Quaerens Pulchrum: Practical Theological Perspectives on the Desire for Beauty. *Scriptura: International Journal for Bible, Religion and Theology in Southern Africa*, 3(108):257-268. [https://doi.org/10.7833/108-0-1]

Cilliers, Johan. 2012. *Dancing with Deity: Reimagining the Beauty of Worship*. Wellington: Bybel Media.

Cilliers, Johan. 2013. Between Fragments and Fullness: Worshipping in the in-between spaces of Africa. *HTS Theological Studies/Teologiese Studies*, 69(2):1-6. [https://doi.org/10.4102/hts.v69i2.1296]

Cilliers, Johan. 2016. *A Space for Grace: Towards an Aesthetics of Preaching*. Stellenbosch: African Sun Media.

Cilliers, Johan. 2017. *Seeing, sighing, signing – contours of a vulnerable homiletic*. [https://doi.org/10.7833/116-0-1281]

Cilliers, Johan. 2019. *Timing Grace: Reflections on the Temporality of Preaching*. Stellenbosch: African Sun Media. [https://doi.org/10.18820/9781928480235]

Cilliers, Johan. 2021. *Die Tint van ons Toekoms: Padlangse gesprekke oor die Psalms*. Midrand: Luca.

Cilliers, Johan. 2022. *Ons sal sterwe, ons sal lewe: Gedagtes oor verganklikheid en ewigheid*. Wellington: Barnabas.

Cixin, Liu. 2008. *The Dark Forest*. Vertaal deur Joel Martinsen. Londen: Macmillan Publishers.

De Chardin, Teilhard. 1977. *Christianity and Evolution*. Londen: Collins.

De Villiers, I.L. 1972. *Leitourgos*. Kaapstad: Tafelberg Uitgewers.

Du Plessis, Hans. "Broerse", ongepubliseerde verhoogdrama.

"En die grootste hiervan is die liefde..."

Edwards, Ruth B. 1988. ΧΆΡΙΝ ΑΝΤῚ ΧΆΡΙΤΟΣ (John 1.16) Grace and the Law in the Johannine Prologue, 1-14. *Journal for the Study of the New Testament*, 32:3-15. [https://doi.org/10.1177/0142064X8801003201]

FitzGerald, Edward. 1859. *The Rubáiyát of Omar Khayyam.* Eerste Amerikaanse Uitgawe. Boston, Houghton: Osgood & Company.

Frankl, Victor E. 1947. *Ein Psycholog erlebt das Konzentrationslager.* Tweede Uitgawe. Wenen: Verlag für Jugend und Volk.

Gehlen, Arnold. 1986. *Urmensch und Spätkultur: Philosophische Ergebnisse und Aussagen.* Wiesbaden: Aula.

Greene, Brian. 2000. *The Elegant Universe: Superstrings, Hidden Dimensions, and the Quest for the Ultimate Theory.* Londen: Vintage Books. [https://doi.org/10.1119/1.19379]

Gribbin, John. 2007. *In Search of Superstrings: Symmetry, Membranes and the Theory of Everything.* Cambridge: Icon Books.

Gribbin, John. 2010. *In Search of the Multiverse.* Londen: Penguin Books.

Haarhoff, Pierre en Claerhout, Frans. *Skeppingsverhaal.* Kaapstad: Human & Rousseau.

Hart, David B. 2003. *The Beauty of the Infinite: The Aesthetics of Christian Truth.* Grand Rapids, MI: WM. B. Eerdmans.

Hawking, Stephen. 1988. *A Brief History of Time.* New York: Bantam Books. [https://doi.org/10.1063/1.2811637]

Jackson, Kitty. 2018. *Anselm Kiefer: Symbolism of the Forest.* Artdependence Magazine, Donderdag, 5 April 2018. https://artdependence.com/articles/anselm-kiefer-symbolism-of-the-forest/

John of the Cross, *The Dark Night of the Soul.* Geskryf tussen 1577 en 1579.

Josuttis, Manfred. 1998. Identität und Konversion. In: Dietrich Stollberg (red.). *Identität im Wandel in Kirche und Gesellschaft.* Göttingen: F.S. Richard Riess. 117-126.

Kearney, Richard. 2004. An Interview With Richard Kearney "Facing God". *Journal of Philosophy & Scripture*, 1(2):1–10.

Kierkegaard, Søren. 1967. *The Concept of Dread.* Princeton: Princeton University Press.

Kierkegaard, Søren. 1985. *Philosophical Fragments/Johannes Climacus.* Vertaal deur Edna en Howard Hong. Princeton: Princeton University Press.

Leaf, Caroline. 2013. *Switch on your Brain: The Key to Peak Happiness, Thinking, and Health.* Grand Rapids, MI: Baker Books.

Lévi, Eliphas. 1854. *Dogme et Rituel de la Haute Magie.* (Transcendental Magic: Its Doctrine and Ritual). Vertaal deur Arthur E. Waite (1896). [https://web.archive.org/web/20080919103932/http://altreligion.about.com/library/texts/bl_transcendental.htm].

Levinas, Immanuel. 1978. Une réligion d'adultes. In: *Het menselijk gelaat: essays van Emmanuel Levinas.* Vertaal deur Otto de Nobel en Ad Peperzak. Baarn: Ambo Anthos Publishers.

Lewis, C.S. 2001. *Mere Christianity.* New York: Harper Collins.

Lewis, Clive S. 1955. *Surprised by Joy. The Shape of My Early Life.* New York: Harcourt Brace.

Louw, Daniël. 2007. *Waarom lewe ek. Hulde aan die Hoop. Nuut bygewerkte teks. Viktor Frankl.* Tygervallei: Naledi.

Luther, Henning. 1992. *Religion und Alltag: Bausteine zu einer Praktischen Theologie des Subjekts.* Stuttgart: Radius-Verlag.

Luther, Martin. 1883. 1518, Disputatio Heidelbergae habita. *Die Weimarer Ausgabe*, I(354). Weimar: Böhlau-Verlag.

Luther, Martin. 1883. 1521, Andere, Grund und Ursach. *Die Weimarer Ausgabe*, 7(336):31f. Weimar: Böhlau-Verlag.

Luther, Martin. 2016. *Pastoral Writings. The Annotated Luther Series*, 4:43. Philadelphia, PA: Fortress Press.

Lüthi, Walter. 1970. *Wort zum Werktag. Radiobetrachtungen.* Basel: Friedrich Reinhardt.

Merton, Thomas. 1977. *Raids on the unspeakable.* Londen: Burns and Oates.

MoMA Learning. 2020. *Bicycle Wheel: Marcel Duchamp.* [https:// www.moma.org/learn/moma_learning/marcel- duchamp-bicycle-wheel-new-york-1951-third-version- after-lost-original-of-1913/]

Newberg, Andrew; D'aquili, Eugene en Rause, Vince. 2001. *Why God won't go away: Brain Science and the Biology of Belief.* New York: Ballantine Books.

Nietzsche, Friedrich. 1973. Die fröhliche Wissenschaft (1882). *Nietzsche (KGA),* 5(2).

Oerter, Robert. 2006. *The Theory of Almost Everything: The Standard Model, the Unsung Triumph of Modern Physics.* New York: Pi Press.

Pattison, Stephen. 2007. *Seeing Things: Deepening Relations with Visual Artefacts.* Londen: SCM Press. 1. [https://doi. org/10.2752/175183408X328389]

Picasso, Pablo. 1946. *La Joie de Vivre* [skildery]. Antibes, Frankryk: Musée Picasso.

Pilcher, Rosamunde. 1990. *September.* New York: St Martin's Publishing House.

Rossouw, Hennie. 1981. *Die sin van die lewe.* Kaapstad: Tafelberg Uitgewers

Rossouw, Hennie W. 1984. *Die Sin van die Lewe.* Kaapstad: Tafelberg Uitgewers.

Sample, Ian. 2010. *Massive: The Hunt for the God Particle.* Stirlingshire: Virgin Books.

Schoeman, Chris. 2013. *The Historical Karoo: Traces of the Past in South Africa's Arid Interior.* Kaapstad: Zebra Press.

Seekamp, Kristina. 2005. Unmaking the Museum: Marcel Duchamp's Readymades in Context: Bicycle Wheel. *Tout-Fait: The Marcel Duchamp Studies Online Journal.* [https://www.toutfait.com/unmaking_the_museum/Bicycle%20Wheel.html]

Serres, Michel. 1987. *Statues: The Second Book of Foundations.* Parys: Editions François Bourin.

Shackelford, George en Frèches-Thory, Claire (reds.). 2004. *Gauguin Tahiti: Exhibition Catalogue.* Boston, MA: Museum of Fine Arts Publications.

Smitt, J.H. Sillevis. 2001. *Onse Vader wat in die Hemele is.* Johannesburg: Boekhandel De Jong.

Strydom, Amanda. 2008. 'Pelgrimsgebed' [Lied]. Uit: *Kerse teen die Donker.*

Taleb, Nassim N. 2007. *The Black Swan: The Impact of the Highly Improbable.* New York: The Random House Publishing Group.

The Museum of Modern Art. 2020. *Art and artists. Marcel Duchamp: Bicycle Wheel.* [https://www.moma.org/collection/works/81631]

Thomas, Dylan. 1952. *The Poems of Dylan Thomas.* New York: New Directions Publishing.

Van der Land, S. 1971. *Gods Bestseller voor Tieners.* Kampen: Kok.

Van Ruler, Arnold A. 1975. *De meeste van deze is de Liefde: Het hart omvat de dingen en heeft ze lief.* Den Haag: Van Stockum Publisher.

Weyel, Birgit. 2007. Predigt und Alltagskunst: Wilhelm Genazino und der poetische Blick auf das Leben. In: Gräb, Wilhelm; Hermann, Jörg; Kulbarsch, Lars; Metelmann, Jörg en Weyel, Birgit (reds.). *Religion – Ästhetik – Medien. Band 2. Ästhetik und Religion: Interdisziplinäre Beiträge zur Identität und Differenz von ästhetischer und religiöser Erfahrung.* Frankfurt: Peter Lang GmbH. 209-211.

"En die grootste hiervan is die liefde..."

Wikiquote. 2020. *Monty Python's The Meaning of Life.* [https://
en.wikiquote.org/wiki/Monty_Python%27s_The_
Meaning_of_Life]

Wilson, Earl. 1968. *How Small We Are, How Little We Know.* [Lied].
Glamorous-Music Inc.

www.ingramcontent.com/pod-product-compliance
Lightning Source LLC
Chambersburg PA
CBHW051446050726
47593CB00005B/1951